EL CUERPO HUMANO EN ACCIÓN

Barbara Gallavotti
Ilustraciones de
Studio Inklink

EDITEX

DoGi

Es una realización de DoGi spa, Florencia, Italia.

Título original:
Il corpo umano in azione
Textos: Bárbara Gallavotti
Ilustraciones: Studio Inklink
Editor: Francesco Milo
Proyecto gráfico: Sebastiano Ranchetti
Maquetación: Sebastiano Ranchetti
Traducción: Cálamo & Cran

Para la edición en España y países de lengua española:

© **Editorial Editex, S. A.**
Avda. Marconi, nave 17. 28021 - Madrid
I.S.B.N.: 34-7132-904-7
Número de Código Editex: 9047
Impreso en Italia - Printed in Italy

Sumario

LA MÁQUINA VIVIENTE

El cuerpo humano puede compararse con una extraordinaria máquina, constituida por unos 100 000 millones de células. Es el funcionamiento armonioso de estos microscópicos engranajes lo que nos permite movernos, hablar, pensar, crear...

Exactamente de la misma forma que ocurre en una máquina, en la base del funcionamiento de un organismo hay una perfecta organización de todas sus partes. Cada célula no actúa independientemente, sino que coordina su comportamiento con el de otras células, enviando y recibiendo continuos mensajes.

Estos últimos aparecen casi siempre bajo la forma de moléculas químicas, pero pueden ser también impulsos eléctricos. Las células del cuerpo humano se agrupan de forma ordenada y, en ellas, se pueden distinguir varios niveles de organización. Aquellas cuyas funciones están asociadas más estrechamen-

LAS CÉLULAS DEL CUERPO HUMANO
Pertenecen a unos 300 tipos distintos, cada uno de ellos especializado en desarrollar una función particular. Algunos de estos tipos se reconocen fácilmente en los principales tejidos.

Los músculos
No están formados por verdaderas células, sino por fibras constituidas por muchas células fusionadas.

Las células adiposas
Sirven de almacén para las grasas que el cuerpo acumula como reserva energética.

te se reúnen en tejidos, como el tejido muscular, el esqueleto y la sangre (que al ser líquida es un tejido muy particular). Diversos tejidos forman los órganos, análogos a los componentes de una máquina como el motor, los frenos o el depósito. Órganos con funciones muy relacionadas entre sí se reúnen formando un aparato. Así, la boca y el estómago son dos órganos diferentes, pero ambos forman parte del aparato digestivo, que comprende todos los órganos que se encargan de la digestión de los alimentos. Finalmente, el conjunto de todos los aparatos constituye por completo al cuerpo humano.

Las células de la piel
Están muy cerca las unas de las otras de modo que forman una empalizada casi impenetrable.

Las neuronas
Son las principales células del cerebro y de todo el sistema nervioso.

Los glóbulos rojos
Se encuentran en la sangre y sirven para distribuir oxígeno a las células y retirar el anhídrido carbónico producido por las mismas.

Los osteocitos
Se encuentran en el interior del hueso y participan en su constante remodelación.

En este libro observaremos nuestro propio organismo como si fuera una máquina. Trataremos de entender cómo la unión de muchísimas partes diferentes origina un solo individuo y cuál es el mecanismo que está en la base de funciones vitales relativamente simples, como digerir o muy complejas, como recordar. Posteriormente trataremos de descubrir cuáles son las pequeñas características que hacen al ser humano tan diferente de los otros animales.

La célula y el ADN: nuestro libro de instrucciones

Las células son la más extraordinaria invención de la naturaleza y están en la base no sólo del cuerpo de un animal, sino de la propia vida. De hecho, todos los seres vivos tienen su origen en una cé-

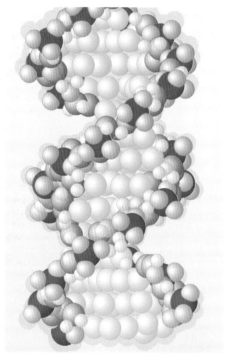

UNA TÍPICA CÉLULA HUMANA
Su diámetro es de pocas milésimas de milímetro.

El nucléolo
Aquí se constituyen las partes de los ribosomas, los orgánulos donde tiene lugar la construcción de las proteínas.

La membrana plasmática
Regula el paso de sustancias entre el interior y el exterior de la célula.

Las mitocondrias
Son los orgánulos donde la energía contenida en los alimentos se transforma en energía utilizable por la célula.

El ADN
Tiene una estructura tridimensional formada por dos filamentos trenzados que crean una espiral el uno con el otro. En la figura se muestra un modelo en el cual cada esfera corresponde a un átomo. En realidad el ADN de una célula humana tiene un diámetro de dos millonésimas de milímetro y una longitud de cerca de 2 metros; este está subdividido en cerca de 100 000 pequeñas unidades, llamadas genes, cada una de las cuales contiene una información útil para la célula.

lula –en el caso del ser humano en un óvulo fecundado por un espermatozoide– y se componen de una o más células. Cada una de estas está preparada para realizar «a escala reducida» las funciones típicas de todo un organismo: reproducirse, crecer, reaccionar a los estímulos externos, moverse, nutrirse y respirar. Algunos organismos pueden estar compuestos por una sola célula, como la

LAS JUNTURAS CELULARES
Unen las células y pueden ser de tres tipos diferentes.

Las junturas obstruyentes
Mantienen a las células tan cercanas que no puede pasar nada entre ellas. Por ejemplo, conectan las células de los vasos sanguíneos, impidiendo que salga la sangre.

El núcleo
Alberga el ADN y es el centro de control de todas las actividades de la célula.

El retículo endoplasmático
Es un conjunto de túbulos y bolsas comunicantes. Sobre su superficie se encuentran los ribosomas.

Las junturas con membranas acanaladas
Contienen algunos canales que permiten el paso de sustancias de una célula a la otra. Los canales pueden abrirse y cerrarse tras las señales oportunas.

El aparato de Golgi
Es un conjunto de bolsas en las cuales se reelaboran y se almacenan las moléculas producidas por la célula.

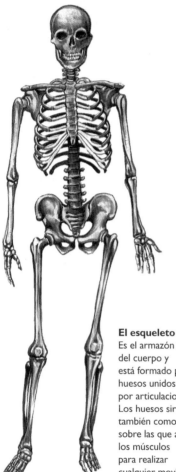

El esqueleto
Es el armazón interno
del cuerpo y
está formado por
huesos unidos
por articulaciones.
Los huesos sirven
también como palancas
sobre las que actúan
los músculos
para realizar
cualquier movimiento.

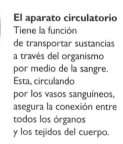

El aparato circulatorio
Tiene la función
de transportar sustancias
a través del organismo
por medio de la sangre.
Esta, circulando
por los vasos sanguíneos,
asegura la conexión entre
todos los órganos
y los tejidos del cuerpo.

 ameba (un protozoo), pero el ser humano, en cambio, necesita miles de millones de células para formarse.

Todas las células que forman el cuerpo de un animal tienen una estructura similar, con pequeñas variantes que dependen de sus misiones específicas. En general, en cada una de nuestras células se pueden distinguir dos partes: el núcleo y el citoplasma. Este contiene numerosos orgánulos, cada uno de los cuales posee una función particular. En el núcleo se encuentra el patrimonio genético, encerrado en la molécula llamada ADN. Esta contiene los genes, es decir, las instrucciones necesarias para desarrollar todas las funciones de la célula.

Todas las células del cuerpo tienen un patrimonio genético idéntico, a pesar de

Los músculos

Permiten al cuerpo moverse y protegen los órganos internos. También estos últimos se revisten a menudo de músculos que les permiten dilatarse y contraerse.

La piel

Es el revestimiento externo del cuerpo. Es impermeable y ayuda a mantener constante la temperatura interna del cuerpo independientemente de las variaciones en la temperatura externa. Constituye una barrera casi impenetrable para virus, bacterias y otros organismos patógenos.

Otros elementos 1 %

Fósforo 1 %

Calcio 2 %

Ozono 3 %

Hidrógeno 10 %

Carbono 18 %

que gran parte de ellas estén especializadas: esto quiere decir que tienen una tarea específica y, para desarrollarla, utilizan sólo algunas de las informaciones que contiene en su ADN. En consecuencia, las otras no se «leen» nunca. Este es el motivo por el que en un mismo organismo se encuentran células muy diferentes, a pesar de que todas posean el mismo patrimonio genético.

Los principales elementos constituyentes del cuerpo humano

Son el oxígeno, hidrógeno y el carbono (componentes de agua, hidratos de carbono y proteínas). En las proteínas se encuentra también el nitrógeno, mientras que el calcio se encuentra en los huesos y el fósforo en la sangre y en otros muchos tejidos.

Oxígeno 65 %

En busca de energía

Como todas las máquinas, también el cuerpo humano para funcionar necesita energía. De esta se sirven las células para poder desarrollar todas sus funciones vitales, como sintetizar las moléculas necesarias para su crecimiento y curación o para reproducirse.

El cuerpo humano obtiene de los alimentos la energía que necesita. Pero un trozo de pan o un filete de carne son demasiado grandes para que las células puedan extraer directamente la energía. Por lo tanto, es necesario que el alimento pase a través del aparato digestivo, el cual primero lo reduce a trocitos y después descompone los nutrientes, es decir, los hidratos de carbono, proteínas y grasas en sus componentes más pequeños: azúcares, aminoácidos y grasas simples. Estos últimos tienen las dimensiones adecuadas para entrar en

La dieta ideal
Ningún alimento contiene todos los nutrientes necesarios para un adulto. Por lo tanto, es necesario tener una dieta variada y combinar los alimentos de tal modo que se ingieran hidratos de carbono, proteínas, grasas, fibras y vitaminas en las cantidades justas.

Las proteínas
Pueden obtenerse de la carne, de las legumbres y de los cereales, que son también las fuentes principales de los hidratos de carbono.

Fruta y verdura
Contienen azúcares, vitaminas, sales minerales y fibras. El cuerpo no puede extraer energía de estas últimas pero, de cualquier forma, son indispensables porque su presencia favorece el movimiento intestinal.

las células, pero contienen aún demasiada energía. Las células se encuentran en la misma situación que quien recibe un gran sueldo en billetes pero, como tiene que hacer muchas pequeñas adquisiciones, debe cambiarlos por monedas sueltas. Para la célula, la moneda suelta de la energía es una molécula llamada ATP. Para obtenerla, una vez que han entrado en el citoplasma, los azúcares, aminoácidos y grasas simples se reducen a unas cortas cadenas formadas por tres átomos de carbono. Estas se trasladan posteriormente a las mitocondrias, donde se vuelven a descomponer, y donde la energía se distribuye en muchas moléculas de ATP. Pero para que ese proceso pueda desarrollarse es necesario el oxígeno, que el

LA SENSACIÓN DE HAMBRE
Es el resultado de la acción
de muchos órganos diferentes.

Las grasas
Deben ser ingeridas
con moderación,
pero constituyen
una importante
fuente de energía.
Se encuentran sobre
todo en el aceite
y la mantequilla.

La bajada de azúcar
Cuando disminuye
la cantidad de azúcar
en la sangre, el páncreas
deja de segregar insulina:
la hormona que estimula
la entrada de azúcar
en las células.

**Las células
del cerebro**
No tienen reservas
de moléculas
de las que extraer
energía. Por lo tanto,
dependen totalmente
de los nutrientes que
transporta la sangre y,
cuando estos escasean,
se resienten y se hace
difícil concentrarse.

El nervio vago
Forma los nervios
de gran parte del tubo
digestivo. Se estimula
cuando el cerebro
registra la carencia
de insulina y, como
respuesta, provoca
un aumento
de la salivación y
de la secreción de jugos
gástricos
en el estómago.

La leche
Es uno de los alimentos
más completos
que existen, puesto
que contiene grasas,
proteínas, azúcares,
sales minerales
y vitaminas.

Expresada en calorías, es diferente para cada individuo y depende principalmente de la intensidad de su actividad física. Los siguientes ejemplos se refieren a un hombre de unos 30 años y con 66 kilos de peso.

Durmiendo, consume cerca de 60 kilocalorías a la hora (Kcal/hora).

Estudiando y trabajando en una oficina, consume 170 Kcal/hora.

Trabajando en jardinería o desarrollando una actividad física media, consume 260 Kcal/hora.

Andando en bici a 15 kilómetros por hora, consume 360 Kcal/hora.

cuerpo se procura a través de la respiración, y que la sangre transporta de los pulmones a todas las células. Cuando falta oxígeno, las células no son capaces de convertir la energía de los alimentos de forma que se pueda utilizar y, por lo tanto, se ven condenadas a morir. Este es el motivo por el que nadie puede sobrevivir sin respirar más de algunos minutos.

Desmenuzar el alimento

La primera parte de la digestión tiene lugar en la boca, donde el alimento se reduce a trocitos para que pueda ser deglutido y enviado al estómago.

La labor de desmenuzar y triturar cada bocado se confía a los dientes, mientras la lengua, dotada de fuertes músculos, sirve para tener el alimento en contacto con los dientes y amasarlo con la saliva.

Una mitocondria

Es aquí donde la energía que contienen los alimentos se transforma en muchas moléculas de ATP. En las mitocondrias se encuentran pequeños segmentos de ADN, por lo que algunos consideran que, hace miles de millones de años, estas eran organismos autónomos que, posteriormente, se adaptaron a vivir dentro de otras células.

Cortando leña o haciendo un trabajo muy duro se consumen 600 Kcal/hora.

Corriendo 9 kilómetros por hora se consumen cerca de 620 Kcal/hora.

Nadando 3 kilómetros por hora se consumen 700 Kcal/hora.

Esta última la producen tres pares de glándulas, localizadas debajo de las mandíbulas, bajo la lengua y delante de los oídos. Se compone casi totalmente de agua y mucosidad, pero contiene también algunos anticuerpos, antibacterias y la amilasis salivar, una molécula que es capaz de descomponer los hidratos de carbono; por lo tanto, desarrolla las primeras fases de su digestión y destruye los restos que han quedado en los dientes tras la comida. La saliva tiene un papel fundamental en la masticación. De hecho, la mucosidad hace al alimento viscoso y apto para deslizarse por el esófago durante la deglución, mientras, el agua diluye los alimentos sólidos o secos. Así, estos se hacen más pastosos y se adhieren mejor a las papilas gustativas que hay en la lengua.

LA BOCA

Es la primera parte del aparato digestivo. También es fundamental para articular los sonidos y contiene algunos focos destinados a la defensa inmunitaria.

Los músculos maxilares

Pueden apretar los dientes con una fuerza que llega a 25 kilos, en los incisivos, y 80 kilos en los molares.

Las amígdalas

Producen células encargadas de la defensa del organismo. Están situadas a la entrada de la boca, en posición estratégica para atacar eventuales virus o bacterias que quieran penetrar en el cuerpo a través de la misma.

La lengua y los labios

Son muy importantes para la articulación de los sonidos. Las papilas gustativas que están sobre la lengua perciben los sabores y generalmente permiten distinguir los de alimentos venenosos o pasados.

Los dientes

El adulto tiene 32, diferentes según la función que desempeñen. Los molares sirven para triturar, los caninos para desgarrar y lacerar, y los incisivos se clavan en el alimento y lo cortan.

Las cuerdas vocales
El aire emitido por los pulmones las hace vibrar. Pueden separarse y, según lo ancho que sea el espacio que queda entre ellas, varía la agudeza de los sonidos emitidos al hablar.

Aunque sea más abundante cuando nos alimentamos, la saliva se produce de forma ininterrumpida: se calcula que en 24 horas se segregan 1,5 litros. De hecho, no se utiliza sólo durante la masticación: al contener anticuerpos, protege los dientes y desarrolla una acción detergente continua. Además, mantiene constantemente húmeda la cavidad bucal, cosa fundamental para poder articular los sonidos de nuestro lenguaje. Una vez amasado con la saliva y mezclado con la lengua, el alimento toma la forma de una pelota o bolo preparado para ser deglutido. La lengua empuja el bolo hacia la faringe, desde la cual pasará al esófago y luego al estómago.

Esta fase es muy delicada porque la faringe es también la vía que recorre el aire inspirado hasta alcanzar la tráquea y, desde esta, los pulmones. Es vital que este camino no quede bloqueado por el alimento, de otro modo se correría el riesgo de ahogarse.

Estómago e intestino trabajando
El alimento ingerido en un primer momento se almacena en el estómago,

El esmalte
Que reviste los dientes es el tejido más duro del cuerpo humano.

La dentina
Es el armazón del diente y forma las raíces que lo anclan al hueso.

La pulpa
Es el estrato más interno de los dientes. En ella se encuentran los nervios y los vasos sanguíneos.

donde también se ve sometido a la acción de descomposición hecha por los jugos gástricos. Este órgano se parece a una bolsa y en una persona adulta tiene una capacidad de cerca de un litro, aunque también se puede dilatar para contener volúmenes bastante superiores.

Las paredes internas del estómago están dotadas de numerosas glándulas que segregan unos 2 o 3 litros de jugos gástricos al día, compuestos principalmente de mucosidad, ácido clorhídrico y de una proteína llamada pepsinógeno. Cuando el pepsinógeno se pone en contacto con el ácido clorhídrico, se transforma en pepsina: una molécula capaz de descomponer las proteínas que contiene el alimento. Pero los tejidos que forman el estómago también están compuestos de proteínas, por lo que podrían verse atacados o literalmente digeridos por la pepsina.

Para evitar que ocurra esto, la mucosidad hace menos adherentes las paredes del estómago, a la vez que le sirve como capa protectora. Después de des-

Paladar blando
Lengua
Alimento
Faringe
Epiglotis
Tráquea

La deglución
La lengua empuja el bocado hacia la faringe y el paladar blando se eleva cerrando la vía de acceso a la nariz. Finalmente, el bolo hace que baje una membrana denominada epiglotis, que cierra el acceso a la tráquea. Así el alimento no se puede introducir en la vía respiratoria.

Los jugos gástricos
La visión de la comida, su gusto y su olor se reciben a través del cerebro que estimula al estómago, el cual comienza a segregar los jugos gástricos.

El centro del hambre
Como el de la saciedad, se encuentra en el cerebro. A su inhibición contribuye también la dilatación del estómago, que registran los nervios cuando este recibe el alimento.

Los carnívoros
Clavan los dientes en la carne para desgarrarla y lacerarla. Tienen dientes afilados y cortantes, iguales a los caninos humanos.

Los herbívoros
Muelen y trituran las fuertes fibras vegetales, por lo que sus dientes son planos y anchos, como los molares humanos.

Los roedores
Comen semillas, por lo que tienen dientes fuertes y cortantes, similares a los incisivos humanos.

Los seres humanos
Son omnívoros y tienen dientes de todas las formas para poder nutrirse de carne, de semillas o de otros vegetales.

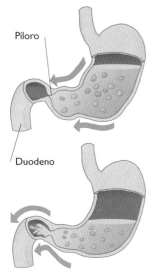

Píloro

Duodeno

El estómago
Tiene varias capas
de músculos y puede realizar
un movimiento, cada 20
segundos aproximadamente,
que mezcla los alimentos,
amalgamándolos
con los jugos gástricos.
El alimento pasa del
estómago al intestino.
Ese paso viene regulado
por una válvula denominada
píloro, que tiene la función
de hacer que el alimento
alcance el intestino de forma
gradual, para no obstruir
el duodeno.

La digestión
Para diluir los jugos
gástricos se necesita
muchísima agua,
que se obtiene de la sangre.
Por esta razón,
el aparato digestivo lo riega
abundantemente,
lo que supone un menor
riego para las otras
zonas del cuerpo.

componerse parcialmente en el estómago, el alimento pasa a la primera parte del intestino, el intestino delgado, donde se desintegra en sus componentes más simples.

Las grasas son los alimentos más difíciles de descomponer; de hecho, estas no son solubles en agua. Por lo tanto, en el interior del intestino delgado, donde hay un entorno acuoso, tienden a formar montones poco accesibles para las moléculas que deberían descomponerlas. Por este motivo, el hígado produce las sales biliares y las vierte junto con la bilis en el intestino: las sales se insertan en los aglomerados grasos reduciéndolos a pequeños fragmentos, del mismo modo que lo haría un disolvente con una mancha de aceite. Posteriormente, a estos fragmentos se adhieren algunas moléculas producidas por el páncreas, que descomponen por completo las grasas, reduciéndolas a gra-

DESPUÉS DE LA COMIDA
Como todos los demás órganos
que no intervienen en la digestión,
el cerebro recibe menos sangre.
Por lo tanto, las células nerviosas
se liberan con dificultad
de los desechos de su
metabolismo, son menos eficientes
y se produce somnolencia.

sas simples. Otras moléculas, también provenientes del páncreas o producidas directamente por el intestino, cumplen la labor de descomponer las proteínas en aminoácidos y los almidones y los hidratos de carbono en azúcares, como la glucosa y la fructosa.

Finalmente, las paredes del intestino delgado absorben azúcares, aminoácidos y grasas simples y los vierten a la circulación sanguínea y linfática. El proceso de absorción de las sustancias nutrientes se parece a la tarea de secar un líquido con una esponja: cuanto más grande es la superficie de la esponja, más rápida es la operación. Por este motivo, la superficie interna del intestino delgado aumenta enormemente mediante pequeñísimos pliegues en forma de dedos, denominados vello: si la superficie ocupada por los mismos se extendiera, cubriría un área de las dimensiones de un campo de tenis.

Lo que no se ha absorbido –en gran parte agua, sales y desechos– llega al intestino grueso. Aquí se encuentran un gran número de microorganismos llamados bacterias, que han evolucionado para convivir de la mejor manera con la especie humana. A cambio de la hospitalidad y la nutrición suministradas por nuestro cuerpo, sintetizan para nosotros vitaminas fundamentales, como la vitamina K y la vitamina B. Si nos sometemos a largos tratamientos con antibióticos, las bacterias que componen la flora intestinal mueren y pueden quitarles el puesto bacterias que no sólo no proporcionan ninguna ventaja al ser humano, sino que a menudo causan enfermedades graves.

Del intestino grueso se obtienen las sales, como el cloro y el sodio, y se absorbe el agua bebida y la que, proveniente de la circulación sanguínea, se utiliza para diluir los jugos digestivos. Cada día bebemos cerca de 1,5 litros de agua y vertemos en el aparato digestivo otros 7 litros, como componente líquido de saliva, jugos gástricos e intestinales o bilis. El agua se recupera casi totalmente, de hecho, las heces contienen como media sólo 0,1 litros, además de un volumen de unos 0,05 litros de sustancias sólidas. Estas últimas están formadas por residuos de mucosidad, células muertas que provienen del intestino, bacterias y restos indigeribles de alimentos como, por ejemplo, las fibras vegetales.

La última parte del viaje

Las sustancias absorbidas por el aparato digestivo, a excepción de las largas moléculas de grasas simples, pasan al sistema sanguíneo que las transporta hacia el hígado. Este es el órgano más

Los lóbulos hepáticos
Son las unidades funcionales del hígado. Reciben las ramificaciones de la vena porta y de la vena cava. Sus células purifican los nutrientes y los acumulan en forma de glucógeno, esto es, azúcares que no se necesitan de inmediato.

El hígado
Recibe de la vena porta los nutrientes absorbidos por el intestino y los selecciona. Los nutrientes purificados se envían a la vena cava y parten en un viaje que los llevará a abastecer a todas las células del cuerpo.

EL APARATO DIGESTIVO
Es un tubo, con una longitud de una decena de metros, que parte de la boca y termina en el ano. Al mismo están conectadas numerosas glándulas y órganos, como las glándulas salivales, el hígado y el páncreas.

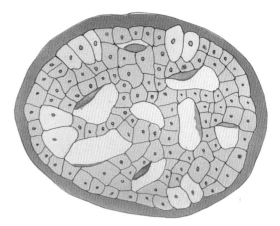

Las islas de Langerhans
Se encuentran
en el páncreas y cumplen
la función de sintetizar
insulina y glucagón: las dos
hormonas imprescindibles
que sirven para regular
la cantidad de azúcar
en la sangre.

El páncreas
Se compone de dos partes:
una segrega las moléculas
necesarias para la digestión
y la otra, representada
por las islas de Langerhans,
produce hormonas.

El vello
Se encuentra
en las paredes
del intestino. Cada
vello contiene
las ramificaciones
de una arteria
o de una vena,
en las que se vierten
los nutrientes
absorbidos, y una
pequeña ramificación
del sistema linfático,
en la cual sólo
confluyen los lípidos.

grande que poseemos: en una persona adulta pesa aproximadamente 1,5 kilos. Además de segregar bilis tiene otras funciones importantísimas. En primer lugar, es un verdadero «punto de aduana», donde se analizan las moléculas provenientes de los alimentos con el fin de descartar aquellas potencialmente dañinas. Por desgracia, este sistema de control no es infalible y, a veces, algunas sustancias tóxicas pasan a los tejidos del organismo, o bien algunas medicinas son confundidas con moléculas peligrosas y son aisladas.

El hígado cumple también la función de depósito de reservas energéticas y retiene la mayor parte de los azúcares, en particular la glucosa. Esto ocurre porque las células tienen una necesidad constante de pequeñas cantidades de moléculas de las que extraer ener-

EL PESO IDEAL
Puede mantenerse sólo uniendo una actividad física regular y una dieta equilibrada.

El esfuerzo físico
A medida que las células de los músculos tienen necesidad de más energía, el corazón late más velozmente y los vasos sanguíneos se dilatan, de modo que la sangre se deslice más rápidamente llevando nuevos nutrientes y oxígeno.

Los azúcares y las proteínas
Son las primeras moléculas que se queman. El proceso de consumo de las grasas es, por el contrario, muy lento y se queman muy pocas durante un esfuerzo ocasional.

gía, pues si estas fueran suministradas todas a la vez tras la comida, las células no sabrían dónde acumularlas. Consecuentemente, las sustancias nutrientes obtenidas del alimento deben introducirse gradualmente en la sangre, que las transporta a cada célula. La glucosa retenida en el hígado se almacena en el glucógeno, una macromolécula formada por muchísimas moléculas de glucosa unidas. Cuando el nivel de azúcares en la sangre desciende, porque las células han consumido todas aquellas que estaban disponibles, el hígado descompone la molécula de glucógeno y la introduce en la circulación sanguínea. La concentración de glucosa en la sangre viene controlada por el páncreas, que segrega dos hormonas: la insulina, cuya función es estimular al hígado para que produzca glucógeno, y el glucagón, que tienen como función impulsar su descomposición.

Movimiento y calor
La sensación de calor que se nota durante la actividad física, se debe al hecho de que los músculos se calientan del mismo modo que lo haría un motor.

LA RESPIRACIÓN

Durante la actividad física es más profunda y frecuente, para que los músculos reciban más oxígeno y puedan producir mayores cantidades de ATP.

En el cerebro

Hay unas células especiales que registran el porcentaje de anhídrido carbónico que hay en la sangre.
Si este es demasiado alto, mandan señales de alarma al centro respiratorio, otra zona del cerebro.

La capacidad pulmonar

Con una respiración tranquila se inspiran unos 0,5 litros de aire, pero durante un esfuerzo se puede llegar hasta 3,5 litros.

El centro respiratorio
Reacciona a la carencia de oxígeno determinando el aumento de intensidad y frecuencia de la respiración.

Los músculos intercostales
Sirven para aumentar la capacidad de dilatación de los pulmones. Mientras se realiza un esfuerzo se necesita más aire del normal, así baja el diafragma y se dilatan los pulmones, pero el volumen de aire que se obtiene no resulta suficiente.

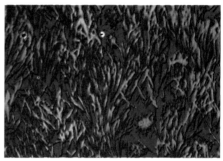

Purificar el aire
La mucosidad que reviste la tráquea, bronquios y bronquiolos atrapa el polvo y los agentes infecciosos que contiene el aire inspirado. Seguidamente, este conjunto es empujado hacia la faringe por unos «tentáculos», denominados pestañas, que pertenecen a células de las vías respiratorias. Desde la faringe, la mucosidad pasa al tubo digestivo y, allí, se elimina. El humo de cigarrillo tiene una acción anestésica sobre las pestañas e impide su acción.

Cómo procurarse oxígeno

Como hemos visto, las células deben distribuir la energía que contienen las moléculas obtenidas de los alimentos en forma de moléculas de ATP. Esa distribución se lleva a cabo a través de una serie de reacciones químicas durante las cuales se ha consumido el oxígeno y se ha producido anhídrido carbónico. Este proceso es continuo porque el «carburante» ATP es quemado y reemplazado ininterrumpidamente (si bien a una velocidad que varía según la intensidad de la actividad celular). Las células tienen una necesidad constante de recibir nuevo oxígeno y nuevos nutrientes, así como de liberarse del anhídrido carbónico y de las moléculas de desecho de su metabolismo. Para estos fines dispone de dos sistemas que se coordinan: el respiratorio y el circulatorio.

La labor de obtener el aire del exterior y de sustraerle el oxígeno, sustituyéndolo por anhídrido carbónico, se confía a dos grandes órganos elásticos y esponjosos: los pulmones. Estos están encerrados en la caja torácica y un gran músculo, el diafragma, los separa del abdomen, donde se alberga el intestino. Durante la inspiración, el diafragma baja y la caja torácica se ensancha, permitiendo a los pulmones dilatarse. El aumento del volumen de los pulmones se produce para que el aire que se encuentra en su

Oxígeno

Anhídrido carbónico

El intercambio de gases
Entre las células de la sangre y los alveolos es posible porque los gases se mueven desde los puntos en que están más concentrados a aquellos en donde lo están menos.

Los bronquiolos
Pueden dilatarse y contraerse para regular el flujo de aire.

Alveolos

La tráquea
Cada minuto de 6 a 8 litros de aire pasan por ella.

Los bronquios
Son subdivisiones de la tráquea. Estos, a su vez, se ramifican en bronquiolos.

Los alveolos
Son cavidades muy pequeñas, reunidas en racimos, constituidas por la terminación de los bronquiolos. En los pulmones humanos hay cerca de 700 millones. Si se extendiese su superficie ocuparían un área de cerca de 70 metros cuadrados, cuarenta veces toda la superficie del cuerpo.

Las paredes del alveolo
Son muy finas y tanto el oxígeno que se mueve hacia la sangre, como el anhídrido carbónico que pasa de la sangre a los alveolos las atraviesan fácilmente.

interior se distribuya en un espacio mayor; consecuentemente, el aire se enrarece más que el de la atmósfera. Se deriva de esto una bajada momentánea de la presión original, que se restablece con la entrada de aire nuevo. Este llega a los pulmones entrando por la nariz o por la boca y atravesando la tráquea y los bronquios. Durante el recorrido, se calienta y se humedece; de hecho, si los pulmones recibieran el aire frío y seco, como normalmente está en el ambiente externo, podrían verse dañados.

El riego de los pulmones se realiza a través de una red de capilares muy intrincada. La sangre que los recorre acaba de culminar un largo trayecto durante el cual ha llegado a todas las células del cuerpo, cediendo su oxígeno y recibiendo a cambio anhídrido carbónico. Los dos órganos funcionan como una verdadera estación de abastecimiento, donde la sangre re-

EL CORAZÓN

Envía sangre al resto del cuerpo a través de un sistema de arterias y la recibe a través de las venas.

UN DOBLE IMPULSO

Para llegar a todo el cuerpo, la sangre debe recibir dos impulsos: el primero la lleva a los pulmones para oxigenarse, el segundo al resto del cuerpo.

La sangre que hay que oxigenar

Llega del corazón a los pulmones a través de las arterias pulmonares, que se ramifican en los capilares pulmonares.

De los pulmones al cuerpo

La sangre oxigenada que llega de las venas pulmonares ha perdido mucha velocidad recorriendo los pulmones y, para llegar al resto del cuerpo, debe volver al corazón y recibir un nuevo impulso.

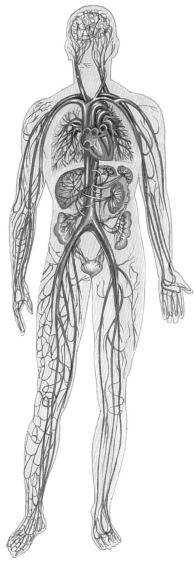

 nueva la carga de oxígeno y se libera de las moléculas de desecho. Cuando este intercambio se ha realizado comienza la espiración: el diafragma se relaja, provocando una disminución del volumen de la caja torácica y, luego, una contracción de los pulmones que consecuentemente expulsan el aire ya rico en anhídrido carbónico.

La circulación: un gran sistema de conexiones

Para vivir y trabajar, los 100 000 millones de células que componen el cuerpo humano necesitan que continuamente se les suministre oxígeno y alimento, además de liberarlas de sus desechos. Por otro lado, las sustancias que estas producen se destinan a otras zonas del cuerpo, a donde es necesario transportarlas. Naturalmente, no es fácil satisfacer las exigencias de tal número de «obreras» y, para llegar a todas, es preciso un sistema de conexiones muy eficiente.

Este último viene garantizado por el sistema sanguíneo: una red de tubos, subdividida en arterias, venas y vasos capilares, que tiene la increíble longitud de 150 000 kilómetros: más de tres veces la circunferencia de la tierra. Por el interior de los vasos sanguíneos discurre la sangre, de la cual las células extraen las sustancias nutrientes y el oxígeno, confiándole a la misma sus desechos y las moléculas que deben enviarse lejos. Por lo tanto, la circulación sanguínea se puede imaginar como una cinta transportadora muy larga. A veces la utilizan también los enemigos del organismo, como virus y bacterias, los cuales hacen que los transporten hasta su objetivo.

De los tejidos al corazón
Órganos y tejidos reciben la sangre oxigenada de las arterias y la vuelven a enviar al corazón a través de las venas. De hecho, en los tejidos y en las venas, la velocidad de la sangre se modera y, por esta razón, antes de recorrer los capilares de los pulmones y volverse a oxigenar, necesita un nuevo impulso.

Las células más numerosas en la sangre son los glóbulos rojos, dedicados a transportar oxígeno y anhídrido carbónico. Estos son las únicas células del cuerpo que han perdido el núcleo y prácticamente no son otra cosa más que bolsitas llenas de una molécula denominada hemoglobina, la cual puede unirse al oxígeno o al anhídrido carbónico. Cuando se une al oxígeno, la hemoglobina tiene un color rojo brillante, que se convierte en rojo oscuro cuando se une al anhídrido carbónico. Este es el motivo por el que la sangre de una misma persona puede tener diferentes colores. Las otras células presentes en la sangre son los glóbulos blancos. Existen varios tipos y son las «defensas armadas» que el cuerpo pone a trabajar cuando debe rechazar una infección. La sangre fluye ininterrumpidamente por el sistema circulatorio gracias a un músculo muy particular que funciona como si fuera una bomba: el corazón. Este late durante toda la vida sin pararse: este tipo de movimiento continuo no sería posible, por ejemplo, en el músculo de un brazo. Además, el latido del corazón no se verifica, como los otros movimientos, en respuesta a un estímulo nervioso. De

La sangre
Está formada por una parte líquida, el plasma, y por varios tipos de células. Si se centrifuga la sangre en una probeta, las células pesadas se reúnen en el fondo mientras que el plasma queda en la parte superior.

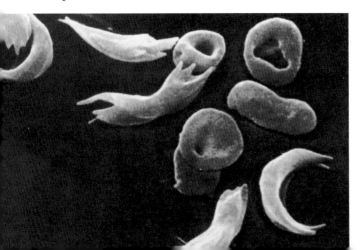

La anemia falciforme
Es una enfermedad causada por un defecto de la hemoglobina, la molécula que se une al oxígeno, por lo que este gas ya no se transporta correctamente. Debido a ella, los glóbulos rojos adoptan la forma de una hoz. Como muchas anemias es hereditaria e, incluso, puede ser mortal si el porcentaje de glóbulos rojos defectuosos es demasiado alto.

EL CORAZÓN ESTÁ DIVIDIDO EN DOS MITADES

El corazón está dividido por un tabique vertical en una mitad izquierda, que recibe la sangre oxigenada, y una mitad derecha, que recibe la sangre que se debe oxigenar, de modo que estos dos tipos de sangre no se mezclan nunca. Cada una de las mitades está a su vez dividida en una cavidad superior, llamada aurícula, y una inferior, llamada ventrículo, comunicadas entre sí por medio de una válvula.

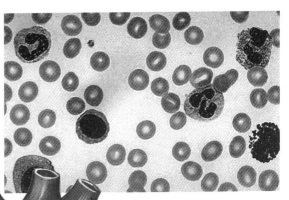

La vena cava superior
Recoge la sangre de la parte superior del cuerpo.

Aorta

Los glóbulos rojos
Son mucho más numerosos que los glóbulos blancos (las células más grandes). Un ser humano tiene aproximadamente unos 5 litros de sangre, en los cuales se encuentran 20 000 billones de glóbulos rojos.

La arteria pulmonar
Lleva desde el corazón a los pulmones la sangre para que se oxigene.

Las plusmarcas del corazón
En el curso de una vida media, el corazón efectúa cerca de 2,5 billones de latidos y bombea más de 15 millones de litros de sangre desde cada uno de los ventrículos.

Vena cava inferior

Aorta

hecho, es el propio corazón el que da el ritmo a su movimiento e incluso si se extrae continúa latiendo por sí mismo durante un breve tiempo; esto es lo que hace posibles los transplantes cardíacos. Las fibras del sistema nervioso que llegan al corazón tienen la función de modificar el ritmo de contracción, el cual suele rondar en torno a los 70 latidos por minuto, moderándolo o acelerándolo según las exigencias de las células del cuerpo.

Mantener el equilibrio interno

Visto desde el exterior, nuestro cuerpo varía muy lentamente y son necesarios meses y años para notar los cambios. También en su interior las condiciones parecen constantes: las células viven en un ambiente estable, no sufren variaciones de temperatura y reciben una cantidad regular y continua de suministros. Sin embargo, esa estabilidad, que toma el nombre de homeóstasis, no es espontánea sino que se obtiene mediante un

EL LATIDO CARDÍACO
Las aurículas y los ventrículos se llenan y se vacían de sangre cíclicamente.

aurícula derecha

aurícula izquierda

1

2

ventrículo derecho

ventrículo izquierdo

1) Después de un latido, la aurícula izquierda se llena de sangre oxigenada proveniente de los pulmones, y la derecha de sangre para oxigenar proveniente del cuerpo.

2) Las válvulas que separan las aurículas de los ventrículos se abren y la sangre pasa también por estos últimos. Después de medio segundo las aurículas se contraen, imprimiendo a la sangre un impulso hacia abajo.

3) Después de contraerse las aurículas, lo hacen también los ventrículos. Así, se produce el cierre de las válvulas, situadas entre las aurículas y los ventrículos, y la apertura de las semilunares, entre los ventrículos y las arterias, y, con ellos la salida de la sangre.

3

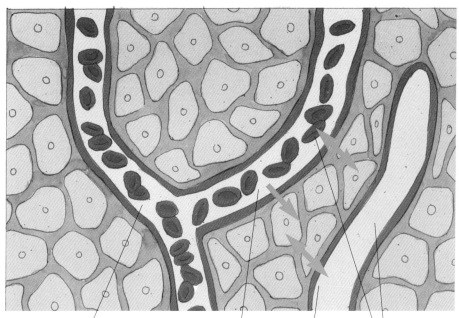

Capilar sanguíneo

Capilar linfático

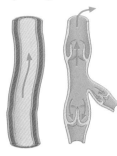

Venas y arterias
En las arterias
(a izquierda) la sangre
avanza gracias al impulso
del corazón. En las venas
(a derecha) es necesario
también el impulso
de los músculos
circundantes
y válvulas especiales
que impiden
a la sangre volver atrás.

Del plasma
pasan a
los tejidos
agua y
sustancias
como
los nutrientes.

Parte del agua
que hay en
el interior de
las células pasa
al sistema
linfático, desde
donde se vierte
a la sangre.

Los glóbulos
rojos ceden
el oxígeno a
los tejidos y
reciben
anhídrido
carbónico.

complejo sistema de regulación. Este sistema permite que las células no se resientan de ninguna diferencia, por ejemplo, si nos encontramos en el Polo o en el Ecuador, o si estamos ayunando o participando en un banquete. Gracias a estos mecanismos, incluso aunque en nuestro cuerpo nazcan cerca de 25 millones de células por segundo, nuestro aspecto no varía a simple vista. Esto ocurre porque un número equivalente de células mueren y sus restos se eliminan rápidamente. Hemos encontrado ya dos órganos que contribuyen a mantener la homeóstasis: los pulmones, gracias a los cuales el organismo se libera del anhídrido carbónico, y los riñones, dos pequeños órganos en forma de haba localizados en el abdomen, justo debajo de las costillas más bajas, los cuales juegan un papel

Los riñones
Son de color rojo
oscuro y miden
cerca de
10 centímetros
de longitud.

Filtrar la sangre
Cada riñón recibe
sangre, la filtra y
elimina las sustancias
de desecho
con la orina.

Hacia la vejiga
La orina se mueve
en los uréteres,
cuyas
contracciones,
que tienen lugar
de una a cinco
veces por minuto,
la impulsan
hacia la vejiga.

La vejiga
Puede contener
hasta 0,5 litros
de orina, pero
basta un tercio
para sentir
ganas de hacer
pis. La orina,
de la que
se produce casi
1,5 litros
diarios,
se expulsa por
un movimiento
en parte
automático,
en parte
voluntario.

**Liberarse
de los desechos**
Cuando deja la vejiga,
la orina sale del cuerpo a
través de un conducto
llamado uretra.

La pelvis renal
Es el área de recogida de la orina que proviene de cada nefrona. Se reduce gradualmente para formar los uréteres, que desembocan en la vejiga.

El plasma
Pasa de los capilares a la cápsula llevando consigo la urea y otras sustancias residuales. En 24 horas pasan por los riñones cerca de 160 litros de plasma.

La corteza renal
Alberga cerca de un millón de nefronas: las estructuras por donde se filtra la sangre.

En el glomérulo renal
Tiene lugar la filtración del plasma con la consiguiente formación del filtrado glomerular constituido por una solución de urea y otras sustancias residuales. En 24 horas se filtran cerca de 160 litros de plasma.

LA NEFRONA
Cada nefrona está formada por una cápsula que contiene un ovillo de capilares, llamado gromérulo renal, y un túbulo renal rodeado por capilares que termina en la pelvis renal.

fundamental en la eliminación de desechos.

Los riñones filtran toda la sangre del cuerpo unas cuantas decenas de veces al día, liberándola de las sustancias tóxicas y residuales que se han vertido en la misma. Entre estas se encuentra la urea, una molécula producida durante la descomposición de las proteínas. Estas últimas no se pueden acumular como reserva, cosa que sí se realiza con las grasas o los azúcares; por tanto, las proteínas, que son superiores en número, obtenidas de los alimentos o producidas por las células, son descompuestas por el hígado. Es precisamente de esta operación de la que se obtiene la urea. Dado que es tóxica, las células del hígado se liberan de ella lo más rápidamente posible, confiándola a la circulación sanguínea.

Los riñones también se ocupan de eliminar del plasma algunas sales minerales, que son elementos fundamentales para la supervivencia de las células, pero si alcanzan un número elevado pueden convertirse en elementos dañinos.

Urea y sales minerales, unidas a ácidos, a hormonas, a algunas vitaminas que

El hipotálamo
Es la zona del cerebro
que registra
la disminución del
componente líquido
de la sangre, la cual
ha tenido lugar porque
se ha sudado mucho.

El estímulo de la sed
Lo produce el cerebro
para restituir los líquidos
perdidos.

CUANDO HACE MUCHO CALOR
Las actividades metabólicas
de las células se ralentizan,
de modo que se evita alcanzar
el calor producido
por las mismas. Esto puede
provocar una sensación
de apatía y cansancio.

El sudor
Baña
la superficie
del cuerpo y,
al evaporarse,
disminuye
la temperatura.

La circulación
Se hace más intensa
cerca de la superficie
del cuerpo, por efecto
de la dilatación de
los capilares
sanguíneos
superficiales. La sangre
que contienen
los capilares,
deslizándose cerca
de la piel, cede calor
al exterior y se enfría,
pero su presencia en
mayor cantidad hace
enrojecer e hincharse
las extremidades
del cuerpo y la cara.

han acabado con su función y, en ocasiones, a fármacos, constituyen los desechos que se eliminan por la orina. Su cantidad de líquido puede variar según las necesidades del cuerpo y, así, ser más abundante si se ha bebido mucho y más escasa si, por el contrario, está uno deshidratado. Pero los riñones no pueden eliminar cantidades demasiado concentradas de sales y tienen, de cualquier forma, que diluirlas en líquidos. En consecuencia, ni siquiera en el desierto se puede dejar de orinar, como tampoco se puede quitar la sed con agua salada. De hecho, beber esta última significaría tomar otras sales y, para eliminarlas, sería necesario producir orina aún más abundantemente, con lo que terminaríamos igualmente muriendo deshidratados.

Cuando la temperatura del cuerpo corre el riesgo de bajar, el hipotálamo manda señales al resto del cuerpo para frenar la dispersión del calor.

Para producir más calor
Se impulsa a las células a aumentar su actividad a través de dos hormonas: la adrenalina y la tiroxina.

La piel de gallina
Se debe a la contracción de los músculos que hacen que se erice el vello. Es una herencia de nuestro pasado de animales peludos, cuando el aumento del volumen del manto de piel servía para aislarse del exterior.

Los vasos sanguíneos
Los capilares sanguíneos superficiales, por efecto del frío, se encogen; esto determina una reducción de la superficie de contacto entre la sangre y la piel que reduce al mínimo la dispersión de calor del hacia el exterior.

Mantener la homeóstasis del cuerpo significa que también se permite que su temperatura sea constante. Nuestra temperatura ideal está comprendida entre los 36 y los 37 grados, los cuales se alcanzan gracias al calor producido por la actividad de las células. De hecho, como todas las máquinas, también el cuerpo humano se calienta funcionando. Es importante que su temperatura no supere la ideal pues, en caso contrario, las células se recalientan y no pueden trabajar. Por este motivo, existen mecanismos especiales que se ocupan de disipar el exceso de calor que se genera, por ejemplo, a causa de una elevada temperatura exterior o de un exceso de trabajo, como el realizado por los músculos en un esfuerzo. Un sistema análogo evita que la temperatura disminuya demasiado.

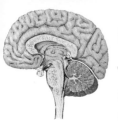

COMUNICAR PARA ESTAR COORDINADOS

Todas las células trabajan para mantener vivo y activo al conjunto del organismo y, para hacer esto, deben estar perfectamente coordinadas. Con este fin, es necesario que en el interior del cuerpo se desarrolle un perenne e intensísimo intercambio de mensajes.

A cargo del buen funcionamiento de las comunicaciones están dos sistemas: el sistema nervioso y el hormonal.

El sistema nervioso comprende el cerebro y una red de nervios que llegan incluso hasta las partes periféricas del organismo. Sus células más importantes son las neuronas: estas detectan las características del ambiente externo y las condicio-nes de los órganos internos, luego elaboran una respuesta y la comunican a las partes del cuerpo que deben reaccionar. Los mensajes enviados por el sistema nervioso pasan directamente de una neurona a otra célula, por ejemplo a otra neurona, o a un músculo o a una célula glandular. Se trata pues de un medio de comunicación rápido y directo, pero que

El estrés nervioso
Puede repercutir sobre el sistema hormonal. De hecho, el cerebro bajo estrés puede influir en la glándula hipófisis, impidiendo la liberación de las hormonas denominadas gonadotropinas.

LOS SISTEMAS NERVIOSO Y ENDOCRINO
A menudo se influencian uno al otro. Por ejemplo, algunas situaciones psicológicas pueden alterar el flujo menstrual.

El ciclo «saltado»
La ausencia de gonadotropinas repercute en los ovarios, por lo que no se estimula la ovulación y, por lo tanto, la menstruación no se produce.

se dirige a pocos y específicos interlocutores, como haría, por ejemplo, un mensaje de correo electrónico.

Sin embargo, el sistema hormonal se basa en las glándulas, que son sus núcleos operativos. Estas se componen de células especializadas en la producción de hormonas, los «mensajeros» a los cuales se confía principalmente la transmisión de comunicaciones dirigidas a diferentes zonas del cuerpo. Las hormonas segregadas por una glándula se vierten en la circulación sanguínea y hacen que esta las transporte. Las células que no son capaces de interpretar su mensaje dejan que las hormonas pasen de largo. Pero, cuando las hormonas pasan cerca de una célula en posesión de una molécula particular que le permite reconocerlas, se unen a la misma y le transmiten su in-

La funda mielínica
Reviste el axón y
funciona como aislante,
permitiendo
a los impulsos eléctricos
viajar más velozmente.

LAS NEURONAS
Tienen una estructura
muy particular, la cual
ha evolucionado para recoger
y transmitir lo mejor posible
las informaciones.

El axón
Transporta
los mensajes en forma
de impulsos eléctricos.
En el ser humano
puede tener una
longitud de hasta un
metro. En proporción,
si el cuerpo celular
tuviera las dimensiones
de una naranja, el axón
mediría 1,5 kilómetros.

Las sinapsis
Se encuentran al final
de las ramificaciones en
que se divide el axón.
Son las estructuras
a través de las cuales
el mensaje se transfiere
a las células
interlocutoras.

Las dendritas
Son prolongaciones sutiles
que conectan la neurona
a las células que pueden
enviarles mensajes.

El cuerpo celular
Contiene el núcleo,
controla toda la actividad
celular y elabora
las informaciones
recogidas por
las dendritas.

formación. Por lo tanto, las hormonas se difunden un poco como los periódicos, los cuales llevan las noticias más lentamente que una llamada, están a disposición de todos, pero los pueden leer sólo aquellos que tienen los instrumentos para hacerlo, por ejemplo, tienen dinero para adquirirlo o han ido a la escuela.

La especialista en comunicaciones a corta distancia: la neurona

Todas las células del cuerpo son asombrosas y tienen un papel importante para la supervivencia. No se podría vivir sin piel, músculos, sangre o defensas inmunitarias. Con todo esto, las neuronas son verdaderamente especiales. Como en todos los animales, también en el ser humano estas células transportan señales nerviosas las cuales «ordenan» a los músculos de las piernas moverse y caminar, o provocan las sensaciones de miedo o hambre. Pero en el cerebro humano se organizan de un modo único y, gracias a su actividad, podemos pensar, imaginar y ser conscientes de lo que nos rodea. Por lo tanto, en nuestras neuronas se esconde el secreto biológico que nos hace particularmente diferentes de cualquier otro ser vivo.

Sin embargo, la estructura de una neurona aislada no es tan complicada. Incluso su modo de transmitir los mensajes es relativamente simple. Para ello, utiliza dos instrumentos: señales eléctricas y químicas.

Los mensajes son recibidos por estructuras similares a tentáculos, denominadas dendritas, y luego se envían al cuerpo celular en forma de señales eléctricas. Pueden ser de dos tipos, excitadoras cuando

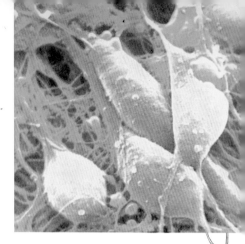

La red neuronal
En el cerebro a cada neurona están conectadas muchas otras y su conjunto forma una enmarañada red.
En esta microfotografía se reconocen los cuerpos celulares de algunas neuronas ampliadas 400 veces.

Los receptores
Son moléculas presentes en la membrana de la célula interlocutora. El mensaje se recibe cuando los neurotransmisores se unen a estos.

Entre las células
El espacio que separa la sinapsis de la célula que recibe el mensaje es estrechísimo, apenas 0,2 milésimas de milímetro.

Los neurotransmisores
Estas moléculas
son los mensajes químicos
intercambiados
por las neuronas.
Estos se almacenan
en el interior
de las vesículas sinápticas.

Cuando llega a la sinapsis química,
esta, en respuesta, vierte hacia
el exterior algunas vesículas
sinápticas.

UNA SINAPSIS QUÍMICA

LOS EFECTOS DEL ALCOHOL

Es una verdadera droga que produce dependencia y, en cantidades excesivas, provoca efectos dañinos en muchos órganos.

La somnolencia

El alcohol imita la acción de un neurotransmisor llamado GABA. Produce una sensación de somnolencia, pero, si la cantidad de alcohol es tan elevada que inhibe demasiadas neuronas, el resultado puede ser incluso la muerte.

La vasodilatación

Aumenta la afluencia de sangre a la piel y se experimenta una cierta sensación de calor. Pero es ilusoria porque, deslizándose cerca de la superficie, la sangre se enfría y baja la temperatura corporal.

El dolor

En un principio se bloquean las neuronas que transmiten sensaciones de dolor, por lo que se siente bienestar.

El hígado

Cuando descompone el alcohol produce sustancias tóxicas que producen náusea y dolor.

señalan a la neurona: «¡actívate y transmite también tú un mensaje!», e inhibitorias cuando, por el contrario, dicen: «¡permanece inactiva, no transmitas nada!». Las dendritas pueden recibir simultáneamente muchas señales, tanto excitadoras como inhibitorias, las cuales vienen, por así decirlo, sumadas al cuerpo celular. Si las primeras prevalecen sobre las segundas, la neurona se activa y genera una señal eléctrica, la cual viaja sobre el axón hasta alcanzar su extremo terminal. Este último está en contacto con otras células, que a menudo son nerviosas o musculares o pertenecen a una glándula. Es a esas a las que va dirigido el mensaje. En algunos casos raros la señal eléctrica pasa di-

El cerebro humano es muy
diferente al de los otros animales,
aunque todos están formados
por neuronas.

El cerebro humano
Tiene muchísima materia gris,
o sea, corteza.
De la actividad de esta
se derivan las funciones
superiores, como
el pensamiento.

El mono
Tiene un ADN muy
parecido al del ser
humano.
El del chimpancé es
idéntico en un 99 %.
Pero, los pocos genes
que son diferentes
son suficientes
para determinar
un cerebro también
muy diferente.

El cerebro del perro
No tiene mucha corteza,
pero el área del olfato está
mucho más desarrollada que
la del ser humano. En la
evolución del perro ha sido
mucho más importante
olfatear bien que pensar.

El cerebro del ratón
Tiene poca corteza pero
es complejo como el de
todos los mamíferos.
En animales más simples,
como el calamar, todo
el sistema nervioso
está constituido
por unas pocas decenas
de neuronas.

rectamente de la neurona a su interlocutor atravesando estructuras en forma de botón denominadas sinapsis eléctricas. Este método de transmisión permite una comunicación muy rápida, pero no es el más común. De hecho, en la mayor parte de las neuronas, la señal eléctrica, una vez que ha alcanzado la parte terminal del axón, se transforma en una señal química que atra-

LOS HEMISFERIOS CEREBRALES
En el cerebro se pueden distinguir
dos hemisferios: el derecho, que
controla casi toda la mitad
izquierda del cuerpo,
y el izquierdo, que
controla casi
toda
la derecha.

LAS PETICIONES DEL CEREBRO
El cerebro representa sólo el 2 %
del peso corporal, pero quema
el 22 % de las energías consumidas
por el organismo.

En el puente
Se encuentran
las células que dirigen
los ritmos de sueño-vigilia.

El cerebelo
Controla el tono
muscular y
la coordinación
de los movimientos.

viesa otras estructuras denominadas sinapsis químicas. En respuesta, la célula interlocutora genera una señal eléctrica así se contrae o, por ejemplo, segrega hormonas, según sea una célula nerviosa, muscular o glandular. Existen cerca de una treintena de señales químicas conocidas, y cada neurona suele emplear uno o dos tipos. La transformación del mensaje eléctrico a químico permite enviar informaciones mucho más articuladas que las producidas por un simple mensaje eléctrico.

El cerebro
Nuestro cerebro contiene cerca de 100 000 millones de neuronas, divididas en dos sectores: la corteza (donde tienen lugar los procesos mentales superiores y la parte consciente de la actividad cere-

Las células del tálamo
Recogen las señales nerviosas, que llegan desde todas las partes del cuerpo, y las clasifican en la corteza.

El cuerpo calloso
Pone en contacto los dos hemisferios. A través de él pasan 300 millones de fibras nerviosas.

En el hipotálamo
Se encuentran los centros que controlan la temperatura corporal, la actividad sexual, el hambre y la sed.

En el bulbo
Tiene lugar el control del latido cardíaco, de la respiración y la presión.

Amígdala, hipocampo y núcleos de la membrana divisoria
Forman el sistema límbico. Controla las funciones emocionales y juega un papel fundamental en la memoria.

bral), y algunas estructuras localizadas debajo de esta. Estas estructuras, que comprende el bulbo raquídeo, parte del cerebelo y el sistema límbico, se encargan de funciones basilares e involuntarias, como regular el latido cardíaco o la movilidad intestinal, así como de vigilar el instinto de hambre y sed y las reacciones emotivas. Naturalmente, existe una estrecha correlación y un continuo intercambio de informaciones entre esas estructuras y la corteza. El aspecto más sorprendente de la corteza cerebral es su plasticidad. De hecho, los millares de millones de conexiones que unen sus neuronas no son estables, sino que cambian continuamente. Cuando vemos una imagen, recordamos una persona o manifestamos una idea, en nuestro cerebro se modifican las conexiones o sinapsis. Consecuentemente, se unen las neuronas que antes estaban separadas, o lo hacen más estrechamente, con el fin de que la transmisión de mensajes se haga más simple. Al mismo tiempo, otras sinapsis se debilitan y, por lo tanto, desaparecen canales de comunicación antes activos. Las conexiones entre las neuronas son lo que nos permite razonar; por tanto, para ser «inteligentes» es más importante tener muchas conexiones que muchas neuronas. Como cada neurona establece sinapsis en la medida en que es estimulada, tener el cerebro activo y esforzarse por entender y estudiar cosas nuevas es el secreto para mejorar la propia capacidad mental. A pesar de que el cerebro mantenga durante toda la vida su plasticidad, esta es máxima en los primeros años de desarrollo. Es en este período cuando los grupos de neuronas «deciden» cuál será su tarea, si se dirigirán hacia el lenguaje, a la memoria, a la audición o a cualquier otra función. Este hecho se comprobó cuando, casualmente, se descubrió que si se tapaba un ojo a un niño muy pequeño, por ejemplo a causa de una ligera herida, el niño perdía la capacidad de ver por ese ojo. Esto ocurre porque las neuronas que deben transmitir las imágenes visuales a la corteza, al no haber recibido ningún estímulo durante algunas semanas, abandonan el ojo que se ha mantenido cerrado y se especializan en otra función. Una vez que esas células han tomado otro camino, ya no hay modo de hacerlas volver atrás y el ojo permanece incapaz de poder ver, incluso si todas su partes funcionan perfectamente. Es un poco como tener una lámpara que no está conectada a la instalación eléctrica de la casa.

El oído
Percibe los sonidos
producidos por
la música y envía
los estímulos
correspondientes
a las células
de la corteza.

Estas los examinan
y, en pocas
fracciones
de segundo,
«se dan cuenta»
si corresponden
o no a la partitura
que se ha aprendido.

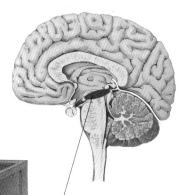

El hipocampo
Tiene un papel fundamental
en la primera adquisición
de los recuerdos, los cuales
seguidamente se «archivan»
en la corteza.

Los dedos
Moverlos velozmente y
siguiendo un orden
preciso es muy difícil.
Sin embargo,
el entrenamiento hace
que los movimientos
se hagan naturales
puesto que se refuerzan
las conexiones
entre las neuronas
correspondientes
a una cierta secuencia,
conexiones que
se activan en sucesión,
sin dudas ni errores.

Dormir en fases

El sueño tiene dos fases diferentes llamadas sueño sincronizado y sueño REM (Rapid Eye Movement), denominado así porque se caracteriza por rápidos movimientos oculares tras los párpados bajados. Estas dos fases siguen un ciclo regular con un período de cerca de 90 minutos de los cuales sólo 10-15 son de sueño REM y el resto son de sueño sincronizado; es en esta última fase cuando el cuerpo se mueve cambiando de posición (cerca de 10 veces cada noche), mientras que los sueños tienen lugar durante el sueño REM.

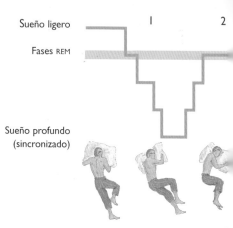

Sueño ligero

Fases REM

Sueño profundo (sincronizado)

1   2

El sueño

El sueño ocupa casi un tercio de nuestra vida, pero aún no está claro por qué es tan importante. Según algunos científicos, durante el sueño, los recuerdos que se han acumulado en el curso de la jornada se transmiten a la corteza, donde se archivan definitivamente.

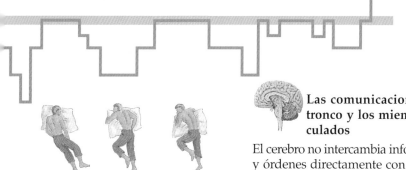

Sueño y vigilia
Sueño y vigilia se alternan, del mismo modo que las diferentes fases del sueño, gracias al envío a la corteza cerebral de señales, inhibidoras y estimulantes respectivamente, por parte de las neuronas del puente.

Las comunicaciones con el tronco y los miembros articulados

El cerebro no intercambia informaciones y órdenes directamente con los miembros articulados y los otros órganos. Los mensajes que este recibe y transmite pasan antes por las neuronas de la médula espinal, las cuales, junto con el cerebro, constituyen el sistema nervioso central. Desde la médula espinal, localizada en la espina dorsal, salen los nervios, que representan el sistema nervioso periférico y llevan los estímulos nerviosos desde el sistema nervioso central a los órganos periféricos y viceversa. El sistema nervioso periférico se divide en somático y autónomo (o vegetativo): el primero transporta las informaciones de los órganos de los sentidos al sistema nervioso central y regula los movimientos voluntarios, mientras que el segundo regula las funciones de la voluntad. Los cuerpos celulares de las neuronas que constituyen el sistema nervioso periférico se encuentran en la médula espinal, o en los «ganglios» adyacentes, mientras sus axones, unidos y envueltos por un estrato aislante de mielina, forman los «cordones» blancos que reconocemos como nervios. En el interior de los nervios se encuentran dos tipos de fibras: sensitivas y motoras. Las primeras están formadas por axones que llevan a la médula los impul-

EL SISTEMA NERVIOSO AUTÓNOMO

Es parte del sistema nervioso periférico y está subdividido en ortosimpático y parasimpático. El ortosimpático responde a situaciones de emergencia con reacciones de rabia o miedo, el parasimpático dirige el reposo y la recuperación de las fuerzas.

En caso de rabia

1) El ortosimpático hace que las pupilas se dilaten, se inhiba la saliva, el latido cardíaco aumente y los bronquios se dilaten para permitir la entrada de más aire. Además, causa la relajación de la musculatura de la vejiga urinaria.

El control de la temperatura

Es una de las importantísimas tareas del sistema nervioso autónomo, el cual la desarrolla principalmente regulando la sudoración.

En caso de rabia

2) Se producen también adrenalina y otras hormonas de estrés. Desde el hígado se movilizan las reservas de azúcares con el fin de tener energía disponible, y se inhiben funciones como la producción de jugos gástricos y la actividad sexual.

sos sensoriales captados por los nervios periféricos. Las neuronas, que forman las segundas, transmiten los impulsos en el sentido inverso, es decir, del sistema nervioso central a los músculos y a las glándulas. No todos los movimientos los decide el cerebro; el cuerpo humano puede también realizar movimientos involuntarios que, en general, son muy rápidos. Si, por

En caso de relajación
1) El parasimpático causa la contracción de la pupila y la activación de la salivación. El latido cardíaco se hace más lento y los bronquios se contraen porque se necesita poco oxígeno. Además, la musculatura de la vejiga urinaria se contrae.

En caso de relajación
2) No se producen las hormonas del estrés, el hígado acumula azúcares, aumenta la producción de jugos gástricos y los órganos sexuales se estimulan.

ejemplo, se toca una superficie demasiado caliente, la sensación de dolor recorre una fibra nerviosa sensitiva y llega a la médula espinal. Desde aquí parte inmediatamente en respuesta el estímulo de una fibra motora, que hace que los músculos de los dedos se retraigan. Del mismo modo, se aleja muy rápidamente del peligro, ahorrando incluso el escaso tiempo que el cerebro emplearía para darse

cuenta de lo que está sucediendo y para ordenar quitar la mano. De hecho, nos damos cuenta de todo lo que ha pasado cuando el movimiento ya ha terminado.

Las relaciones con el exterior

El cerebro analiza continuamente informaciones que provienen del mundo exterior pero no tiene ningún contacto directo con este. Son los cinco sentidos los

El despertar
En el sueño los párpados están cerrados y el oxígeno del aire no llega a la córnea (que reviste el globo ocular y que es la única parte del cuerpo que recibe oxígeno también directamente desde el exterior). Consecuentemente esta pone en funcionamiento un mecanismo de emergencia para conseguir energía sin oxígeno. Pero de este modo se produce ácido láctico, que acumulándose en la cornea la hace turgente y menos eficiente.

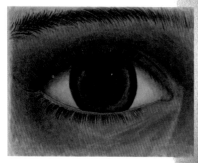

La oscuridad
El iris es un músculo coloreado que rodea la pupila. En la oscuridad se dilata para hacer que entre más luz, igual que el diafragma de una máquina fotográfica, hasta alcanzar un centímetro de diámetro.

ADAPTARSE PARA RECIBIR

Los órganos de los sentidos
pueden realizar pequeñas
adaptaciones para percibir
lo mejor posible los estímulos
externos, incluso en condiciones
muy diversas.

A la luz

El iris se contrae hasta 1,5
milímetros, para evitar
que la retina se vea afectada
por un exceso de luz.
La dilatación del iris no puede
depender sólo de la luz, sino
que también se ve influida
por la cólera, el miedo
o por los estupefacientes.

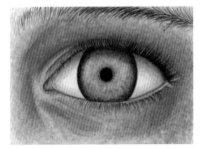

que recogen todos los datos sobre lo que nos rodea y, a través de las células nerviosas presentes en los órganos sensoriales, los transmiten a las neuronas del cerebro en forma de señales nerviosas. Basándose en esas informaciones, el cerebro reconstruye una imagen del ambiente lo suficientemente precisa como para permitir al ser humano vivirlo.

Un objeto o un fenómeno, por lo tanto, son reales sólo si somos capaces de verlo, oírlo, tocarlo, olerlo o probar su sabor, es decir, sólo si nuestros sentidos pueden captar la señal de su existencia. Lo que llega al cerebro son informaciones seleccionadas del mundo exterior y se refieren sólo a aquello que nos puede ser útil para nuestra supervivencia. No podemos captar los ultrasonidos como hacen los murciélagos, o ver los ultrarrojos como algunos insectos, simplemente porque, durante millones de años, no ha sido fundamental para nuestra especie recibir este tipo de informaciones.

Es como si el ambiente que nos rodea fuese un edificio con decenas de habitaciones, pero nosotros tuviéramos sólo las llaves para entrar en cinco de ellas porque estas son las únicas que necesitamos para vivir cómodamente.

La vista

La vista está considerada como el más importante de nuestros sentidos. De hecho, las tres cuartas partes de nuestras percepciones son visuales o están influidas por lo que vemos. A veces, basta con observar la nieve que cae para sentir un escalofrío, o ver una fruta bonita para que nos parezca más perfumada de lo que es. Por su importancia los ojos están

**Elaborar
informaciones**

El cerebro no se limita
a registrar las
informaciones
que provienen
del exterior, sino
que también las elabora
y las interpreta.
Para una persona
es muy fácil reconocer
que este objeto es una

botella, incluso si está
semiescondido.
Esto ocurre porque
el cerebro, gracias
a su experiencia,
es capaz de reconstruir
incluso la parte
que no se ve
de la imagen. Esta
operación es dificilísima
incluso para el más
sofisticado ordenador.

ELABORAR LAS IMÁGENES
La imagen de un objeto captada
por los ojos se transforma
en señales nerviosas y se transmite
a la corteza cerebral.

La retina
Sus células reaccionan
ante una imagen
generando una señal
nerviosa. Esta es
transmitida a la corteza
por las neuronas de
los dos nervios ópticos.

La corteza estriada
Efectúa un primer
reconocimiento de las
formas y de los colores
de los objetos, aunque
la imagen se completa en
otras zonas del cerebro.
Un golpe en la cabeza
puede excitar a
las neuronas de la corteza
estriada, lo que causa
la impresión de «ver
las estrellas».

Los nervios ópticos
Las fibras nerviosas, que
provienen de la parte interna de
cada retina, se cruzan
en el quiasma óptico para
dirigirse hacia partes opuestas de
la corteza. Este cruce ayuda
al cerebro a formar
imágenes tridimensionales.

 situados en el interior de la cabeza, en el lugar más protegido del organismo.
El ojo humano sólo puede ver los objetos que emiten o reflejan luz, es decir, ondas electromagnéticas caracterizadas por una longitud comprendida entre 4 000 y 7 000 millonésimas de milímetro. La luz entra en el ojo a través de la pupila, que la enfoca hacia una estructura, similar a una lente, llamada cristalino. Este, gracias a la ayuda de unos pequeños músculos del interior del ojo, se arquea para enfocar objetos cercanos o se aplana para observar los que están más lejos. Una vez enfocada, la imagen llega a la retina, que la registra como lo haría una verdadera película fotográfica. La retina está formada por dos tipos diferentes de células: los conos y los

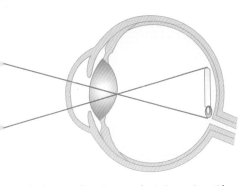

Imágenes al revés
El cristalino funciona como la lente de una máquina fotográfica y «proyecta» en la retina las imágenes invertidas. Luego, el cerebro interpreta la imagen volviéndola a poner en su posición original.

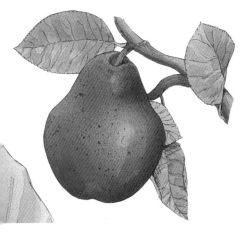

bastoncillos. Los primeros, que son casi 6,5 millones, están especializados en ver los colores pero actúan sólo si la luz está encendida. Sin embargo, los bastoncillos son 125 millones y son sensibles incluso cuando la luminosidad es escasa, aunque no son capaces de reconocer los colores. Este es el motivo por el que de noche todo se ve en blanco y negro.

Con otra visión
El mundo externo puede asumir aspectos muy diferentes si se ve con los ojos de un gato, adaptados a la oscuridad, de un elefante, adaptados a identificar tiernos brotes de los que se nutre, o de un pez, adaptado a abarcar campos visuales muy amplios en el medio acuático.

Trampas e ilusiones ópticas
Son imágenes que al cerebro
le cuesta determinar y que, por
lo tanto, le pueden llevar a engaño.

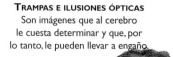

¿Cuántos colores?
Toda la línea central
tiene el mismo color,
pero el cerebro se ve
engañado por
el contraste con
el fondo y «ve» más
oscuro el extremo
superior.

Los bastoncillos contienen una molécula llamada rodopsina –derivada de la vitamina A– que cuando se ve afectada por un rayo luminoso se escinde y, de este modo, genera una señal nerviosa. Esta señal se transmite a las neuronas del nervio óptico y, a través de ellas, al cerebro.

También los conos se excitan y transmiten su señal al cerebro con un mecanismo análogo al utilizado por los bastoncillos. La única diferencia es que los conos no contienen rodopsina sino tres moléculas diferentes sensibles a la luz: una se escinde cuando se ve afectada por un rayo rojo, otra cuando el rayo es verde y la tercera cuando es azul. Todos

¿Vasija o perfiles?
En la elaboración
de la imagen es importante
separar la figura del fondo.
En este caso el cerebro
percibe alternativamente
dos imágenes: la vasija
si «decide» que el fondo
es claro; dos perfiles,
si, por el contrario,
lo considera oscuro.

¿Qué es?
El cubo aparece
mucho más
claramente
si se añaden tres
líneas blancas que
producen la ilusión
de cubrirlo.
De hecho,
el cerebro no está
acostumbrado
a interpretar
segmentos sueltos,
mientras que sí
reconoce bien
un objeto
un poco cubierto.

los matices de colores perceptibles por el ojo humano derivan de diferentes combinaciones de estos tres colores primarios. La mayoría de las personas consigue distinguir 150-200 colores, pero hay excepciones. Por ejemplo, los daltónicos encuentran dificultad para distinguir algunos tonos porque no tienen los suficientes conos sensibles a la luz verde y a la azul. Como las moléculas fotosensibles se escinden cuando se ven afectadas por la luz, estas deben resintetizarse continuamente. Este fenómeno se hace evidente cuando se pasa de un lugar muy luminoso a uno oscuro. De hecho, la luz intensa escinde todas las moléculas fotosensibles presentes en los bastoncillos. Cuando se pasa a un

El caracol
Es un tubito con
una longitud de 35
milímetros que forma
el oído interno.

**Los canales
semicirculares**
Al igual que el caracol
están llenos de líquido.
Forman el aparato
vestibular y controlan
el sentido del equilibrio.

El nervio acústico
Transmite al cerebro
los estímulos
registrados
en el caracol.

La oreja
Recoge los sonidos y
los dirige hacia
el tímpano.

El tímpano
Es una membrana con
un espesor de una
décima de milímetro.
Su grado de tensión
puede modificarse
mediante el músculo
tensor del tímpano,
que la hace más o
menos sensible a
las vibraciones sonoras.

El oído medio
Está formado
por martillo, yunque
y estribo.

**La trompa
de Eustaquio**
Un resfriado puede
obstruir las fosas nasales.
En este caso, la presión a
los dos lados del tímpano
se hace diferente y
disminuye la capacidad
de audición hasta que
el equilibrio no se
restablece.

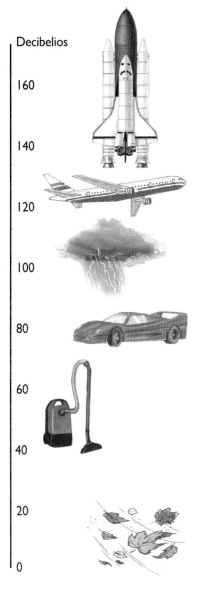

Decibelios

160

140

120

100

80

60

40

20

0

Lo que se oye
La intensidad de los sonidos se mide en decibelios. Se ha asignado el valor de 0 decibelios al sonido mínimo perceptible por el ser humano. Por encima de los 140 decibelios el ruido es tan fuerte que rompe el tímpano.

lugar oscuro en un principio no se ve nada, porque en los bastoncillos las moléculas disponibles se han agotado y la luz no es suficiente para activar los conos. Pero cuando pasa un rato, las moléculas fotosensibles se adaptan y los bastoncillos vuelven a funcionar, con lo que los objetos se hacen reconocibles.

El oído
Los sonidos son vibraciones de las partículas que componen el aire producidas por objetos en movimiento. El oído humano las percibe cuando su frecuencia, es decir, el número de vibraciones por intervalo de tiempo, está comprendida entre 20 y 20 000 hertz. En este intervalo se encuentran todos los sonidos que el ser humano necesita oír, como los producidos por los depredadores, por un objeto que cae y por la voz humana, la cual tiene una frecuencia de pocos centenares de hertz. Otros animales tienen necesidades diferentes y sus oídos pueden percibir longitudes de onda diversas. Por ejemplo, los elefantes se comunican emitiendo sonidos con frecuencias bajas que nosotros no oímos pero ellos captan perfectamente. Del mismo modo los murciélagos emiten y reconocen ultrasonidos con frecuencias cercanas a los 50 000 hertz. También en la audición existe el problema de la percepción, que coincide con la necesidad de captar los estímulos externos y transformarlos en señales nerviosas. Con este fin, el oído está dividido en varias secciones, cada una de las cuales tiene una labor diferente. La oreja recoge los sonidos y los lleva hacia el tímpano. Este es una membrana que vibra cuando se ve afectada por las ondas sonoras. La intensidad de su vibración es dife-

rente según la longitud de onda. Pero para que el tímpano se pueda mover de forma adecuada es necesario que la presión del aire sea igual a ambos lados del mismo y que, además, coincida con la del ambiente externo. Por este motivo, justo detrás del tímpano desemboca la trompa de Eustaquio, un canal de unos 4 centímetros cuyo extremo opuesto se encuentra en la cavidad nasal. Las vibraciones producidas por el tímpano causan el movimiento de tres huesecitos (el martillo, el yunque y el estribo) que tienen la función de golpear la membrana denominada caracol (un tubito en forma de caracol lleno de líquido). Los golpecitos producidos por el martillo, el yunque y el estribo contra esta última hacen que se formen ondas en su líquido interior, las cuales se transmiten hasta alcanzar una zona llamada órgano de Corti. Está formado por unas 150 000 células, cada una de las cuales está provista de un centenar de pestañas (similares a las que ya hemos encontrado en células del aparato respiratorio). Las pestañas se pliegan y se tuercen con el paso de las ondas y su movimiento las estimula a producir una señal nerviosa que se envía al cerebro.

El tacto

El tacto es el único de los cinco sentidos que no está localizado en la cabeza sino que se encuentra extendido por todo el cuerpo. Las sensaciones táctiles sirven para avisar al cerebro de las condiciones generales del cuerpo y sus necesidades, que pueden ser de contacto, de calor, de frío y de dolor. Estas se captan mediante terminaciones nerviosas situadas en la piel a distintos niveles de profundidad. La estructura de estas terminaciones es

Conseguimos mantenerlo
porque en el interior del oído,
en el vestíbulo, hay células ciliares
especiales que reciben
los cambios de posición.

Registrar los movimientos

Los movimientos del
líquido en el interior
del vestíbulo vienen
registrados por diferentes
células ciliadas, según hayan
sido causados
por el desplazamiento
de la cabeza, por
variaciones de dirección
de la fuerza de gravedad
o por desplazamientos
en línea recta.

Ajustar la posición

Todas las células ciliadas
del vestíbulo mandan
al cerebro información
sobre la variación
de la posición del cuerpo
y sobre las variaciones
de la fuerza de
la gravedad. En respuesta,
el cerebro ordena los
grandes y pequeños
cambios de posición
que permiten permanecer
en equilibrio.

RESPONDER A UNA PREGUNTA
Incluso si esta es banal,
es necesario activar muchas zonas
del cerebro, comenzando
por la auditiva.

La pregunta pasa
del área auditiva
a la de Wernicke,
que estructura
la respuesta.

«¿Cómo te llamas?»

Área auditiva

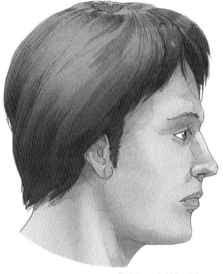

Del área de Wernicke
las señales atraviesan
el fascículo arqueado y pasan
a la de Broca, que comunica al
área motora la orden
de mover los labios y

pronunciar la respuesta.
Si el área de Broca
está dañada aún se puede
«pensar» la respuesta
pero no se consigue
articular los sonidos.

 de varios tipos, según sea de especializada la sensación que deban recibir o transmitir al cerebro. Así, pueden acabar libres en la epidermis, terminar en contacto con células táctiles o estar envueltas en estructuras particulares, llamadas corpúsculos de Meissner, de Pacini, de Ruffini y de Krause. No todas las zonas del cuerpo tienen la misma concentración de cada tipo de terminaciones; consecuentemente, algunas partes reciben muy bien las sensaciones de dolor mientras otras son más sensibles a las de calor y frío o de contacto. Por ejemplo, la córnea del ojo es muy sensible al dolor pero no al contacto.

El gusto

Saber distinguir la comida comestible de la venenosa es obviamente una ne-

Cadera · Pierna · Cadera · Tronco
Tronco · Rodilla · Brazo
Mano
Pulgar · Mano
Ojo · Pulgar
Rostro · Cuello
Boca · Ojo
Pies · Rostro
Genitales · Pies · Labios
Lengua · Lengua

cesidad fundamental para la supervivencia de un ser humano. Esta distinción se consigue principalmente gracias al gusto. Está compuesto por unas 3 000 estructuras, denominadas papilas gustativas, presentes en la lengua.

Las sensaciones de dulce, salado, ácido y

Según la medida de la corteza

Si todas las partes del cuerpo tuvieran que poseer una dimensión en proporción a la zona de corteza con que intercambian estímulos, nuestro aspecto sería este: tendríamos manos, pies, boca y cara enormes, mientras el tronco y las articulaciones, que son poco sensibles al tacto, serían muy reducidos.

amargo, son reconocidas por diferentes papilas gustativas, situadas en zonas específicas de la lengua. Todos los demás sabores derivan de la combinación de estos cuatro. Para que el sabor pueda percibirse es necesario que las moléculas contenidas en los alimentos entren completamente en contacto con la lengua, aunque esto sólo lo puede hacer un líquido u otra sustancia parcialmente diluida. Por este motivo, el sabor de los alimentos sólidos se reconoce sólo cuando estos están suficientemente mezclados con la saliva. El gusto no es un sentido muy eficiente y a menudo es preciso «ayudarle» con otros sentidos, en particular con la vista y el olfato. Con los ojos y la nariz tapados, por ejemplo, no es fácil distinguir el gusto de un zumo de naranja del de un zumo de pomelo.

El olfato

El olfato se sitúa en la nariz y, como el gusto, tiene la función de advertir al cuerpo acerca de la calidad del alimento ingerido, pero también, de transmitir sensaciones agradables o desagradables que se refieren a objetos presentes en el ambiente. Para que sea posible percibir el olor de cualquier cosa, es preciso que de la misma se desprendan moléculas o pequeñas partículas volátiles y que estas se inspiren por la nariz. En la parte superior de esta última, están presentes células especiales denominadas olfativas, las cuales con minúsculas pestañas enganchan la molécula. Al mismo tiempo, estas mandan una señal al cerebro, que la identifica con un determinado olor. El olfato humano es capaz de reconocer hasta 10 000 olores diferentes. A veces, para oler mejor, se hace

LA SENSIBILIDAD DE LA PIEL
En la piel se encuentran diversos tipos de receptores táctiles.

Las terminaciones nerviosas libres
Reciben generalmente estímulos de dolor, pero algunas son sensibles al contacto.

Las células táctiles
Registran las sensaciones de contacto y las transmiten a cercanas terminaciones nerviosas libres que estén cercanas.

Corpúsculos de Pacini   Corpúsculos de Meissner   Corpúsculos de Meissner

Corpúsculos de Krause   Células tactiles   Terminaciones nerviosas libres

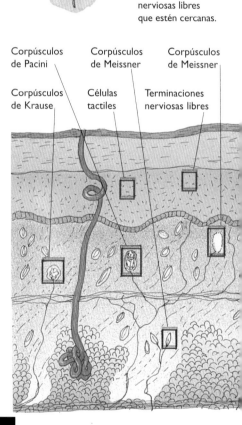

Los corpúsculos de Pacini

Son sensibles a la presión. Están formados por la terminación de una fibra nerviosa, sumergida en una sustancia gelatinosa y encerrada en una funda de laminillas concéntricas. Tienen una anchura de 1 o 2 milímetros.

Los corpúsculos de Ruffini

Son sensibles al calor. Tienen una estructura en forma de huso que encierra una terminación nerviosa subdividida en algunas ramificaciones. Tienen una longitud de 0,2 a 2 milímetros.

Los corpúsculos de Meissner

Son sensibles al contacto. Están formados por una funda que contiene una terminación nerviosa, subdividida en varias ramificaciones. Tienen una longitud de entre 40 y 100 milésimas de milímetro.

Los corpúsculos de Krause

Son sensibles al frío. Son similares a los corpúsculos de Pacini, pero tienen una forma más redondeada y son más pequeños.

ILUSIONES TÁCTILES

Como todos los sentidos, también al tacto se le puede engañar. Teniendo un objeto entre dos dedos cruzados, y evitando mirarlo, se puede fácilmente creer que se están tocando dos objetos diferentes, localizados a los lados de los dedos.

LOS SABORES
Diferentes zonas de la lengua
están destinadas a reconocer
los 4 sabores fundamentales.

El amargo
Es típico
de los alimentos
venenosos,
por lo tanto somos
muy sensibles
al mismo. Podemos
notar la presencia
de una molécula
amarga cada 2 millones.

El ácido
Es perceptible si hay
una concentración
mínima
de una molécula
cada 130 000.

Las papilas gustativas
Tienen células nerviosas que mandan
al cerebro señales acerca del sabor
de los alimentos. Las sensaciones
de gusto, registradas por el sistema
nervioso, determinan también
la secreción de jugos gástricos y,
en general, la activación
del sistema digestivo.

El salado
Se percibe
si hay más de una
molécula cada 400.

El sabor dulce
No somos particularmente
sensibles al dulce, tal vez
porque este no es propio
de los alimentos venenosos.
Percibimos el componente
dulce en un alimento que tenga,
como mínimo, una molécula
dulce cada 200.

**La parte central
de la lengua**
No posee papilas
gustativas.

 una inspiración profunda y de este modo se obtiene lo que se buscaba, aumentar el número de moléculas que llegan a las pestañas de las células olfativas. El olfato a menudo se pierde por breves períodos. Por ejemplo esto ocurre a causa de un resfriado, sea porque las abundantes secreciones de mucosa nasal impiden al aire llegar a las células olfativas, sea porque la infección destruye células importantes en el reconocimiento de los olores. En otros casos este se puede alterar, de este modo, durante la gestación, puede ocurrir que olores antes agradables se vuelvan de pronto desagradables.

El sistema endocrino
No siempre el cuerpo responde a una información proveniente del ambiente ex-

El bulbo olfativo
Aquí convergen todas las fibras
olfativas. Desde él parten
las señales transmitidas al cerebro.

Las células olfativas
En la nariz
hay 15-20 millones
y cada
una vive cerca
de un mes, al final
del cual muere
y es sustituida.

**En el interior
de la nariz**
Hay un laberinto
formado de cartílago y
hueso. Al recorrerlo
el aire se calienta y se
libera de las impurezas.

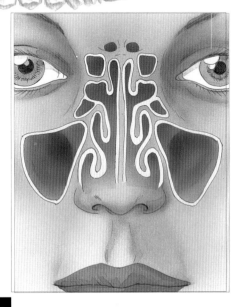

terior, captada por el sistema nervioso,
con un efecto simple e inmediato como
puede ser el movimiento de un músculo.
A veces es necesaria una reacción más ar-
ticulada, que envuelva diferentes partes
del organismo. Por ejemplo, la respuesta
a la visión de un peligro no presupone
sólo la puesta en funcionamiento de los
músculos de las piernas para huir, sino
también la activación de un complejo sis-

tema de alarmas que condiciona el comportamiento de los aparatos digestivo, respiratorio y circulatorio. Una movilización tan general no se puede obtener a través de estímulos directos, como los típicos de las células nerviosas, y se confía a otro sistema de comunicación, el sistema hormonal. Este último tiene también la función de garantizar las comunicaciones entre los órganos internos, de tal modo que se coordinen los procesos fisiológicos que se llevan a cabo sin que nos demos cuenta. Ya hemos hablado sobre la insulina y el glucagón, dos hormonas producidas por el páncreas que regulan

LAS PRINCIPALES GLÁNDULAS
En conjunto pesan apenas 150 gramos, pero influyen profundamente en todo el organismo. De hecho, basta menos de una molécula de hormona por cada millón de moléculas disueltas en la sangre para desencadenar efectos relevantes.

La epífisis
Produce melatonina, una hormona que regula el ciclo sueño-vigilia e influye en el desarrollo de los órganos sexuales.

El páncreas
Produce insulina y glucagón, dos hormonas que regulan la presencia de azúcares en la sangre.

Ovarios

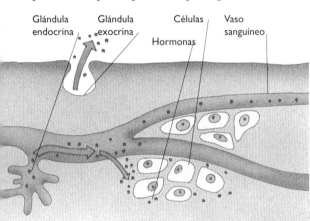

Glándula endocrina   Glándula exocrina   Células   Vaso sanguíneo

Hormonas

Diferentes glándulas
Existen dos tipos de glándulas: endocrinas y exocrinas. Las primeras segregan las hormonas que se vierten después en los vasos sanguíneos, mientras que las segundas liberan sus productos fuera del organismo o en los órganos donde deben actuar. Son exocrinas, por ejemplo, las glándula sudoríparas y las salivales.

La tiroides
Controla
el metabolismo
y la velocidad a la que
se queman las reservas
energéticas. Si la dieta
es pobre en yodo,
la tiroides aumenta
enormemente y
aparece el bocio.

La hipófisis
Tiene la función
de controlar la acción
de las otras glándulas
y producir hormonas
de acción directa.
Entre estas, además
de la hormona
del crecimiento,
se encuentra
la vasopresina,
que aumenta
la presión sanguínea.

**Las glándulas
suprarrenales**
Influyen en la actividad
del sistema nervioso
autónomo produciendo
adrenalina y noradrenalina
en el metabolismo, a través
del cortisol,
y en la circulación sanguínea
con otras hormonas.

Las paratiroide
Están localizadas
detrás de la tiroides
y regulan
la concentración
de calcio, que es
importante en
la contracción
muscular y
en la comunicación
entre neuronas.

Testículos

Testículos y ovarios
Además de producir,
respectivamente,
espermatozoides y óvulos,
segregan hormonas
sexuales que determinan
el desarrollo de los órganos
sexuales en los dos sexos
y la reproducción.

la presencia de azúcar en la sangre y, consecuentemente, tienen un papel importante en los estímulos del hambre y la saciedad. Sin embargo, de otras hormonas depende la coordinación de procesos con efectos más amplios como, por ejemplo, las del crecimiento, las del desarrollo y de la reproducción. Desde el punto de vista molecular, las hormonas son principalmente lípidos o proteínas. Las produce un sistema de glándulas, denominadas endocrinas, que las vierten directamente en la sangre. A través de esta, las hormonas son transportadas a todo el organismo y son captadas por las células que tienen en su membrana el receptor oportuno, o bien por una molécula que se ensambla perfectamente con la hormona. Obviamente cada hormona tiene su receptor específico. Las glándulas endocrinas actúan bajo el estrecho control del sistema nervioso y, en particular, de la zona del cerebro llamada hipotálamo. Aquí confluyen continuamente de otras partes del sistema nervioso informaciones que se refieren tanto al ambiente externo, como a las condiciones internas del organismo. En respuesta, el hipotálamo envía estímulos a la hipófisis: una glándula del tamaño de un guisante la cual juega el papel de «director de orquesta» del sistema hormonal. Para realizar esta tarea, la hipófisis segrega hormonas que se dirigen a las otras glándulas endocrinas, de este modo son inhibidas o estimuladas a producir sus hormonas. Además de lo anteriormente mencionado, la hipófisis segrega otras hormonas, capaces de actuar directamente en algunos procesos, como puede ser el crecimiento del cuerpo.

EN CASO DE PÁNICO
El organismo necesita alterar rápida y simultáneamente todas las partes del cuerpo, por lo que elige la comunicación mediante hormonas: la adrenalina, producida por las glándulas suprarrenales, y la noradrenalina.

Noradrenalina y adrenalina
La primera activa las señales de alarma típicas del sistema ortosimpático, que es activado directamente por la noradrenalina para reforzar los efectos de la adrenalina.

Son situaciones que afectan,
en mayor o menor grado, a
los mismos órganos. Sin embargo,
la primera es controlada
por la hormona llamada adrenalina,
y la segunda está bajo el control
directo del sistema ortosimpático.

Molécula receptora

ADN

Hormona esteroide

Vaso sanguíneo

En la célula diana

Las pequeñas hormonas esteroides pueden entrar en las células y alcanzar el núcleo. Si aquí se encuentra una molécula capacitada para reconocerlas y unirlas, se forma un complejo hormona-molécula que actúa sobre el ADN, activando o desactivando algunos genes.
Las hormonas con estructura proteica son demasiado grandes para entrar en la célula, aunque las reconocen las moléculas presentes en la membrana externa. Esto causa, en el interior de la célula, la activación de algunas moléculas que actúan sobre el ADN. El efecto final es pues análogo al obtenido por las hormonas esteroides.

En caso de alarma

Si no se tiene miedo pero es preciso estar atentos, se movilizan principalmente los centros de la atención en el cerebro. Estos causan, entre otras cosas, la contracción del músculo tensor del tímpano que, por lo tanto, se hace más sensible.

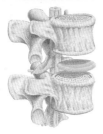

EL CUERPO HUMANO EN MOVIMIENTO

Lo que permite reconocer inmediatamente a un ser humano es su forma, mientras el hecho de que se mueva demuestra que está vivo y en acción. Tanto la forma como el movimiento se obtienen gracias a la existencia de los huesos y de los músculos.

El problema de mantenerse de pie

El esqueleto es el armazón del cuerpo humano, pero también la base a la que se adhieren los músculos y el sistema de palancas sobre el que estos actúan para provocar los desplazamientos. Además, los huesos sirven para encerrar y proteger los órganos más delicados y son un depósito de minerales, como el calcio, que se liberan y envían a las células cuando se necesitan. Finalmente, en su interior se producen las células de la sangre. El aspecto más sorprendente de los huesos son sus

Los ligamentos
Son cordoncillos fibrosos que mantienen unidos los huesos

La caja torácica
Puede dilatarse y volver a la posición original gracias a las fibras de colágeno que unen las costillas y el esternón (en azul).

Los dos huesos de la cadera y el hueso sacro
Forman un gran anillo óseo. En la mujer es más ancho y frágil y en el momento del parto se ensancha aún más para permitir la salida del niño.

EL ESQUELETO HUMANO
Está formado por más de 200 huesos. Además de estos comprende algunas estructuras de cartílago, un tejido robusto pero más blando y flexible que el hueso porque no contiene sales minerales. Son de cartílago, por ejemplo, los pabellones auditivos.

extraordinarias propiedades mecánicas. Pertenecen a los materiales más robustos que existen: un centímetro de hueso puede soportar un peso de 500 kilos. Son, al mismo tiempo, muy flexibles y ligeros, como lo demuestra su resistencia a golpes y caídas. El esqueleto de un ser humano pesa por término medio 9 kilos, un cuarto de lo que pesaría si fuese de acero. La resistencia al peso y a los golpes deriva de la estructura de los huesos, constituida por el entrelazado de diversos componentes. Cerca del 65 % de un hueso está formado por sales de calcio y fósforo, que son su parte dura. Entre estos componentes median fibras de colágeno, una sustancia elástica que permite que el hueso no se rompa, incluso aunque se someta a torsiones, naturalmente siempre que estas se mantengan dentro de ciertos límites. A pesar de que la rigidez del esqueleto pueda hacer pensar que se trata de un tejido muerto, no

LOS MÚSCULOS
El cuerpo se mueve gracias a cerca de 600 músculos controlados a voluntad. A estos se deben añadir los músculos que permiten la contracción de los órganos internos y el corazón, los cuales realizan movimientos involuntarios.

Los músculos pectorales
Se desarrollan a lo ancho.

Los músculos de los miembros articulados
Como los bíceps del brazo, se desarrollan a lo largo.

LOS MÚSCULOS CORTOS
Circundan los ojos y los orificios del cuerpo. Músculos cortos de forma muy variable se encuentran también en torno a las articulaciones y a la columna vertebral.

Los tendones
Son tiras fibrosas que anclan los músculos a los huesos, permitiendo la conexión entre el esqueleto y el aparato muscular.

Los tejidos que están alrededor del fémur roto se hinchan, de este modo a la zona fracturada llegan más nutrientes y oxígeno para su reparación. Además, la pierna hinchada y dolorida es una señal continua que recuerda que se deben evitar ciertos golpes.

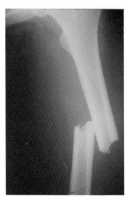

Lo único que los cirujanos pueden hacer para soldar los dos extremos del hueso es esperar a que el propio hueso se vaya restableciendo por sí mismo. En este caso se ha recurrido a un soporte especial que presupone también una parte externa a la pierna.

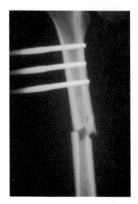

ROMPERSE EN EL PUNTO JUSTO
El hueso está estructurado de tal forma que se rompe por el punto más frágil si está sometido a una presión excesiva. El golpe, de este modo, se absorbe y no repercute en otras partes del esqueleto, donde provocaría daños mayores.

Apenas ha tenido lugar el accidente, el cerebro recibe señales de las neuronas cercanas al hueso y atenúa durante algunos minutos la transmisión de la sensación de dolor. De este modo el herido no se paraliza por el dolor y se puede alejar si el peligro continúa.

Los osteoblastos que estaban presentes en el hueso antes de la rotura se han multiplicado y, 8 horas después de la fractura, ya han comenzado la obra de reconstrucción. Un mes después del accidente, el proceso ya ha llegado a un buen punto.

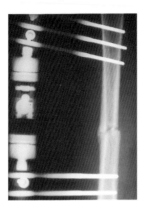

Cinco meses después del accidente, el hueso está perfectamente restaurado pero la parte reconstruida es ligeramente más densa de lo normal. En los meses sucesivos, gracias a la obra de los osteoclastos, el hueso conseguirá la forma óptima.

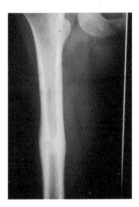

 es así. De hecho, junto al colágeno y a las sales minerales se encuentran dos tipos de células: los osteoclastos, que destruyen y reabsorben continuamente las partes más viejas del hueso, y los osteoblastos, que lo reconstruyen. Por lo tanto, continuamente, los huesos se modelan y los puntos más sometidos a tensión se refuerzan. Por ejemplo, los huesos de los pies de las bailarinas de ballet clásico se deforman para permitir al cuerpo sostenerse sobre las puntas. Análogamente, el esqueleto de los astronautas se debilita en el espacio, a causa de la falta del esfuerzo –impuesto por la inexistencia de gravedad–, y vuelve rápidamente a la normalidad una vez que estos retornan a la Tierra. Si en el organismo existe carencia de calcio, los osteoclastos intensifican su trabajo de modo que liberan mayor cantidad de este mineral y lo ponen a disposición de las otras células. Puesto que el calcio que contienen los huesos constituye una reserva para todo el cuerpo, de su reposición se encargan los osteoblastos en cuanto les es posible. Sin embargo, en las personas ancianas puede ocurrir que el proceso de destrucción no vaya seguido de una reconstrucción en las mismas condiciones: en la tercera edad se desarrolla la llamada osteoporosis que, cuando se presenta, provoca que los huesos se vuelvan mucho más frágiles de lo normal. Para permitir los suministros necesarios a osteoclastos y osteoblastos, los huesos son atravesados por una red de vasos sanguíneos que se albergan en canales muy pequeños. En el interior de costillas, vértebras, huesos de la pelvis y del cráneo se encuentra la denominada médula roja. Aquí se generan todas las células de la sangre. Por su parte los huesos largos de los miembros articulados contienen la médula amarilla, formada fundamentalmente por tejido adiposo. Este es una reserva energética de emergencia que se consume cuando ya se ha quemado la grasa del cuerpo.

Cómo moverse

El armazón rígido del esqueleto constituye un sistema de palancas que se mueve bajo la acción de cerca de 600 músculos voluntarios, anclados a los huesos por unos cordoncillos de tejido llamados tendones. Por lo general estos representan el 23 % del peso corporal de las mujeres y el 40 % del de los hombres. A cada músculo voluntario llegan los nervios provenientes de la médula espinal y entra en actividad sólo si estos le estimulan. Esos nervios pueden verse influidos por las zonas del cerebro que controlan la voluntad. Sin embargo, en un adulto la gran mayoría de los movimientos, como andar o coger un objeto, se han realizado tantas veces que se han convertido en movimientos automáticos. Por lo tanto,

LA VIDA DE LOS HUESOS
En los adultos cada año se sustituye cerca del 10 % de cada hueso. En los ancianos ese recambio se hace más lento, pero incluso a los 95 años no hay ninguna parte del esqueleto que supere los 20 años.

Después del nacimiento
En un principio, el esqueleto del feto está constituido por cartílagos, que progresivamente se van sustituyendo por verdaderos huesos desde el segundo mes de gestación. También después del nacimiento, los huesos tienen algunas zonas cartilaginosas en sus puntos de crecimiento y que desaparecen una vez ultimado el mismo.

La artrosis

Los huesos se conectan entre sí a través de las articulaciones. Estas, en los puntos sometidos a mayor esfuerzo, están protegidas con un refuerzo de cartílago que con el paso de los años puede ceder. Cuando esto sucede se manifiesta la artrosis, la cual causa dificultad de movimiento y, en ciertos casos, la deformación de los huesos.

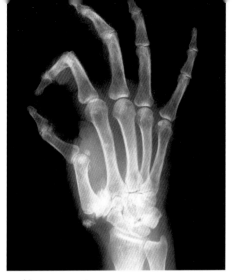

Hueso compacto

Hueso esponjoso

Médula amarilla

Médula roja

Los huesos largos
Están formados por una parte esponjosa y una compacta. La primera se encuentra sólo en los extremos del hueso y sirve para absorber los estímulos mecánicos recibidos de los otros huesos. Estos después se descargan a lo largo de la parte compacta del hueso.

LAS ARTICULACIONES

La mayor parte de los huesos puede moverse en relación a los demás gracias a articulaciones móviles. Para reducir el roce, estas están envueltas en un manguito de tejido liso y lleno de líquido lubrificante, de manera similar a lo que sucede con los componentes de los motores.

Articulaciones fijas
Unen los huesos del cráneo, que no son móviles.

Las articulaciones del hombro
Permiten al húmero rotar alrededor del omóplato en todas las direcciones.

Las vértebras
Están separadas mediante un disco de cartílago que reduce la fricción entre las mismas. Su parte anterior es el eje que sujeta el cuerpo, la posterior alberga y protege las neuronas de la médula espinal.

La rodilla
Su articulación permite a la tibia plegarse sobre el fémur en una sola dirección.

 se realizan de modo inconsciente, sin que intervengan las áreas del cerebro destinadas a determinar cómo y cuándo realizarlos. Pero ese automatismo no es innato sino que se va adquiriendo con la práctica en los primeros años de vida. Las células que componen los músculos voluntarios no están separadas sino fundidas, de

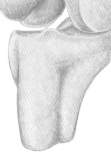

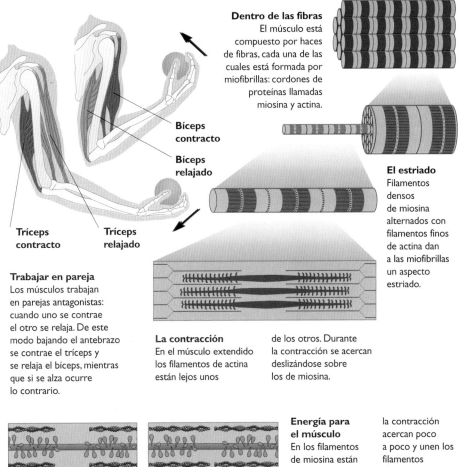

Dentro de las fibras
El músculo está compuesto por haces de fibras, cada una de las cuales está formada por miofibrillas: cordones de proteínas llamadas miosina y actina.

Bíceps contracto

Bíceps relajado

El estriado
Filamentos densos de miosina alternados con filamentos finos de actina dan a las miofibrillas un aspecto estriado.

Tríceps contracto

Tríceps relajado

Trabajar en pareja
Los músculos trabajan en parejas antagonistas: cuando uno se contrae el otro se relaja. De este modo bajando el antebrazo se contrae el tríceps y se relaja el bíceps, mientras que si se alza ocurre lo contrario.

La contracción
En el músculo extendido los filamentos de actina están lejos unos de los otros. Durante la contracción se acercan deslizándose sobre los de miosina.

Energía para el músculo
En los filamentos de miosina están presentes una especie de «ganchitos» que durante la contracción acercan poco a poco y unen los filamentos de actina. Para esta operación es necesario ATP.

modo que forman estructuras llamadas fibras musculares: su número ya está fijado en el nacimiento y no aumenta con el ejercicio; sin embargo, haciendo deporte varían las dimensiones de cada fibra y se provoca, de este modo, el aumento de la masa muscular. Otra característica de los músculos voluntarios que cambia con el ejercicio es su resistencia al esfuerzo. De hecho, existen dos tipos de fibras: rojas y blancas. Las primeras son capaces de permanecer en actividad mucho tiempo y sin interrupciones, mientras que las segundas soportan esfuerzos intensos pero breves. Haciendo deporte constantemente se adquiere la capacidad de mantener los músculos activos durante más tiempo porque las fibras blancas se convierten parcialmente en rojas. Para contraerse, los músculos necesitan energía, que obtienen consumiendo sus reservas de ATP producida con la respiración celular. Pero si el esfuerzo es demasiado intenso, el oxígeno puede que no sea suficiente para el desarrollo de la respiración celular. Consecuentemente, se activa un mecanismo de emergencia, que permite producir ATP sin la presencia de oxígeno. Como molécula de desecho, en este proceso se obtiene el ácido láctico, una sustancia ácida, que al acumularse en los músculos produce dolor. Pero si el esfuerzo se prolonga demasiado, los músculos agotan todas las reservas de las que extraer energía, se vuelven rígidos temporalmente, y generan los denominados calambres. La funcionalidad se vuelve a adquirir rápidamente si se practica un masaje, el cual favorece la afluencia de nuevos nutrientes con la sangre y la remoción del ácido láctico. Este último se envía al hígado, que lo reconvierte en azúcares, poniendo en funcionamiento una reacción química para la que se necesita oxígeno: precisamente para asimilar esa molécula se continúa respirando de modo profundo e intenso durante algún tiempo después del final

EL MÚSCULO CARDÍACO

Es muy robusto y se contrae ininterrumpidamente durante toda la vida. Pero con el paso de los años el riesgo de problemas cardíacos aumenta y, en particular, el riesgo de infarto. Otros factores que predisponen a esta dolencia son los alimentos demasiado grasos, la vida sedentaria, el estrés y el tabaco.

Bajo esfuerzo
El volumen de aire bombeado por los pulmones aumenta incluso 20 veces y el ritmo cardíaco puede pasar de 70 a 120 pulsaciones por minuto.

EL COLESTEROL
En los vasos sanguíneos se forman placas de una grasa llamada colesterol, cada vez más grandes a medida que pasan los años. Si el flujo sanguíneo es muy veloz, una de estas placas puede romperse y alrededor de la misma se forma un coágulo de sangre que obstruye el vaso sanguíneo.

El infarto de miocardio
Se produce si está obstruida la arteria que abastece de sangre al corazón. En ese caso, las células cardíacas no reciben nada de oxígeno y comienzan a morir.

del esfuerzo físico. Además de los músculos voluntarios, el cuerpo posee otros músculos cuyos nervios son fibras del sistema nervioso autónomo y, por lo tanto, no pueden controlarse con la voluntad. Estos son los músculos lisos, que revisten los órganos internos y los vasos sanguíneos, y el músculo cardíaco, que se encuentra sólo en el corazón. No están organizados en fibras, sino en células separadas y no fundidas entre sí. Los músculos lisos también difieren de los voluntarios por su función. Así, los primeros realizan contracciones débiles, lentas y de larga duración, como es preciso, por ejemplo, para generar los movimientos que sirven para transportar el alimento a lo largo del tubo digestivo. Sin embargo, los segundos pueden contraerse veloz o lentamente, durante mucho o poco tiempo, según las necesidades.

LA CURACIÓN
Si no se producen complicaciones, el infarto se cura suministrando fármacos que impidan la coagulación de la sangre y que ayuden a la contracción del corazón.

DESPUÉS DEL INFARTO
A veces las células del corazón pierden la capacidad de contraerse coordinadamente y comienzan a hacerlo cada una por separado. Como consecuencia, el corazón no vuelve a latir sino que entra en fibrilación desordenada.

La desfibrilación
Consiste en suministrar al paciente una descarga eléctrica. Tras esta, todas las células cardíacas suspenden simultáneamente su contracción desordenada y luego, generalmente, vuelven a contraerse al mismo tiempo.

La muerte cerebral
Si no hay curación, acaece en pocos minutos porque el cerebro no recibe oxígeno.

EL CUERPO HUMANO SE DEFIENDE

Para que el cuerpo humano sobreviva y funcione bien no basta con que a cada una de sus partes se le suministre constantemente lo que precisa: también es necesario que todo el organismo sepa defenderse de las trampas inherentes a su propio entorno.

Los diversos enemigos de la especie humana no son los grandes depredadores, que desde hace tiempo hemos aprendido a hacer menos peligrosos, sino miles de millones de pequeños organismos y virus. Estos pueden penetrar en el cuerpo y atacarlo desde el interior causándole enfermedades, porque destruyen las células o porque producen sustancias venenosas que las intoxican. Para limitar las agresiones, el cuerpo humano está totalmente revestido de piel y las vías de comunicación entre su interior y el exterior están reducidas al mínimo. A pesar de esto, ciertas aberturas son inevitables, principalmente aquellas que permiten la entrada de aire y alimento y la salida de excrementos además de los ojos, las orejas y las vías se-

EL CABELLO
Sirve para proteger la cabeza del peligro de un excesivo recalentamiento o enfriamiento. Además, en el curso de la evolución, ha adquirido un papel importante en la atracción sexual.

El cabello ondulado tiene sección oval.

El cabello rizado tiene sección cuadrada.

El cabello liso tiene sección circular.

xuales. Estas entradas se defienden mediante diversos mecanismos y trampas, exactamente igual que los portones de un castillo medieval. Así, la saliva, las secreciones de la nariz, las lágrimas y la orina contienen la lisozima, una molécula mortal para muchas bacterias. El entorno de las vías genitales femeninas se vuelve inhospitalario por la presencia de ácido láctico. El ácido presente en el estómago y en el intestino delgado intenta hacerles la vida imposible a los elementos patógenos que aparecen en el aparato digestivo. Si alguna bacteria llega al intestino grueso se encuentra en competición con las bacterias «buenas» que lo habitan y difícilmente logra ganarse un puesto entre ellas. Como hemos visto, la mucosidad que re-

LA PIEL
Se constituye de tres estratos: tejido subcutáneo, dermis y epidermis. En esta última se encuentra mucha queratina, que es también el componente principal del vello, cabello y uñas.

Las glándulas sudoríparas
Producen el sudor que ayuda a mantener constante la temperatura corporal y es una vía para expeler algunas sustancias de desecho.

La epidermis
Es la zona más externa de la piel y nunca tiene un espesor mayor de 1 milímetro.

Los vasos sanguíneos
De la piel se dilatan o encogen según sea necesario disipar o conservar el calor corporal.

La dermis
Está formada por proteínas que hacen la piel resistente y elástica.

El tejido subcutáneo
Está compuesto fundamentalmente por lípidos que protegen el cuerpo de los cambios de temperatura y constituyen una reserva energética. Al engordar, este estrato se hace más denso.

Los tonos del color de la piel

Se deben a una variación en la cantidad y en el tipo de pigmento producido por los melanocitos. Sin embargo, el número de estas células es independiente del color de la piel y en todas las personas suma cerca de un 1,1 % del total de las células de la piel.

viste las vías respiratorias atrapa a los enemigos atacantes, mientras el movimiento de las pestañas trata de alejarlos. La tos y los estornudos son otros modos de eliminar a los huéspedes no deseados y a estas acciones se añaden en caso de emergencia, el vómito y la diarrea.

Si a pesar de todo esto los organismos patógenos consiguen penetrar en los tejidos, el cuerpo pone en funcionamiento meca-

Los rayos ultravioleta

Los emite el sol y producen una reacción química en los melanocitos que lleva al aumento de la producción de melanina, la cual después se distribuye por todas las células de la epidermis.

nismos de defensa más directos, movilizando las células del sistema inmunitario.

La primera defensa: la piel

Para recubrir el cuerpo humano son necesarios de 1,5 a 2 m^2 de piel y esta constituye cerca del 12 % del peso total de una persona. Su espesor es variable: en el párpado es de pocas décimas de milímetro, pero en la planta del pie y en las zonas sometidas a fricción es mucho más espesa. La piel está formada por muchos estratos de células. Las más jóvenes, que se encuentran en la parte profunda, son blandas y cuadradas. Con el paso de los días se mueven hacia la superficie (empujadas por nuevas células que han nacido debajo de ellas), se hacen más planas y se llenan de una sustancia llamada queratina, que las hace resistentes. Las células de los estratos más externos de la piel están muertas y llenas de queratina:

Demasiado sol
Daña las células de la piel y para repararlas se necesitan más nutrientes que son suministrados por la sangre. Para ello, esta fluye con mayor abundancia cerca de la piel, lo que provoca su enrojecimiento.

EL BRONCEADO
El color de la piel está programado, en parte, genéticamente, pero se oscurece si se somete de forma prolongada a la acción de los rayos solares.

La melanina
Su presencia hace que la piel sea más resistente al sol y protege el ADN de los rayos ultravioletas. Por este motivo las pieles claras, que tienen menos melanina, son también las más sensibles.

SI LA PIEL ESTÁ DAÑADA
En ese caso intervienen rápidamente los mecanismos de reparación, para evitar que los agentes infecciosos puedan utilizar la nueva e inesperada vía de acceso al cuerpo.

Las espinillas
Se forman por un exceso de grasa producido por las glándulas sebáceas que obstruyen el poro. Después las bacterias que viven cerca de las glándulas sebáceas producen ácidos y pus que, al no poder salir se acumula en la dermis.

su presencia hace que la piel no se rompa fácilmente con los golpes a pesar de que sea blanda y delicada. Una célula vive en la piel cerca de un mes y aquellas que han alcanzado el estrato más externo se pierden constantemente por escamación.

La continua separación de células de la epidermis hace que para los microorganismos sea difícil establecerse sobre la superficie del cuerpo. A pesar de esto se calcula que sobre la piel de una persona se encuentran cerca de 5 000 millones de seres vivientes, tantos como la población de la Tierra. La mayor parte de estos inquilinos son bacterias u hongos y son totalmente inocuos. Naturalmente cada parte del cuerpo alberga tipos particulares de organismos y los habitantes de la piel seca de la frente difieren de los que viven en la base grasa del cabello, del mismo modo que un camello es diferente de un oso polar. En la epidermis se encuentran también los melanocitos, células que producen el pigmento oscuro llamado melanina. Esta da color al

Una herida
El proceso de curación comienza con la coagulación de la sangre, que impide una hemorragia excesiva y obstruye la entrada a los organismos patógenos. Este segundo efecto se consigue más fácilmente desinfectando la zona dañada.

Vaso sanguíneo

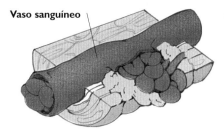

La coagulación
Cuando se forma una herida entran en funcionamiento las plaquetas: fragmentos de células que viajan por la sangre, llamadas megacarioblastos.

Estas se pegan a las paredes del vaso sanguíneo roto y con otra proteína, la fibrina, crean o bien un coágulo o una red que atrapa algunos glóbulos rojos y cierra el vaso sanguíneo.

Red de fibras

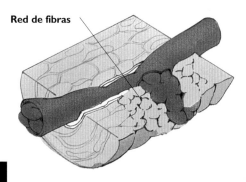

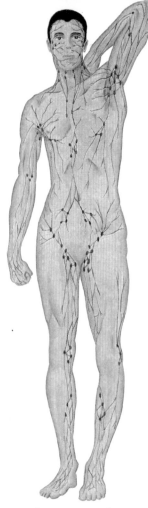

PEQUEÑOS ENEMIGOS

Las enfermedades pueden estar causadas por infecciones de muy diversos tipos de microorganismos y organismos.

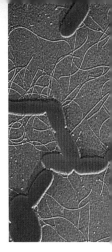

Las bacterias

Estas, como la *salmonella typhi* que provoca el tifus, son organismos primitivos formados por una sola célula. Son muy adaptables y se caracterizan por no tener núcleo, ni orgánulos u otras estructuras especializadas.

Los nódulos linfáticos

Son pequeños órganos redondeados distribuidos a lo largo del sistema linfático, concentrados sobre todo en la zona de las axilas y de las ingles.

Los nódulos linfáticos producen los linfocitos, células de la sangre que pertenecen a los glóbulos blancos, responsables de parte de la respuesta inmunitaria.

EL SISTEMA LINFÁTICO

Juega un papel fundamental en la defensa inmunitaria. Está formado por una red de vasos que recorren todo el cuerpo y por algunos nódulos linfáticos. En los vasos, los cuales desembocan en el círculo sanguíneo, confluye la linfa: el líquido que se presenta entre las células de los tejidos transportando los nutrientes y recogiendo los deshechos también de las células no tocadas directamente por el círculo sanguíneo.

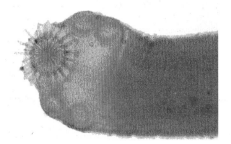

Las lombrices

Muchas afectan al ser humano, al invadir diferentes órganos. La tenia se localiza en el intestino, donde vive extrayendo sustancias nutritivas del ser humano. Puede llegar a medir más de 7 metros de largo.

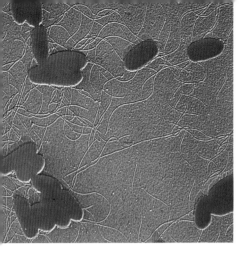

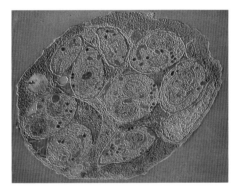

cutis y tiene un importante papel protector porque absorbe los rayos ultravioleta –que pueden dañar el ADN de las células de la piel y causar tumores– y los convierte en rayos infrarrojos inocuos. Bajo la epidermis se encuentra la dermis, donde están localizadas las glándulas sudoríparas: se calcula que cada ser humano posee unos 3 millones y en un día con mucho calor pueden producir entre 2 y 3 litros de sudor. En la dermis se encuentran también las estructuras que dan origen al pelo. Se extienden por todo el cuerpo, excepto por los labios, las palmas de las manos y las plantas de los pies, pero muchos son tan finos que casi no se ven. Nos damos cuenta de su presencia sólo cuando, a causa del frío, se erizan, provocando los pequeños relieves típicos de la «piel de gallina». Cada pelo está conectado a dos pequeñas glándulas sebáceas, las cuales segregan una sustancia oleaginosa que recubre el propio pelo y la superficie externa de la piel, lo que contribuye a hacerla más blanda y la ayuda a mantener la humedad.

Los protozoos
Son organismos unicelulares, como las bacterias, pero tienen la misma estructura que nuestras células, con núcleo y orgánulos.
El *toxoplasma gondii* infecta al ser humano causando la toxoplasmosis.

Los priones
Son proteínas producidas por el organismo que casualmente asumen una conformación anómala. Sucesivamente sirven de «impronta» alterando también todas las otras y acaban creando aglomerados nocivos. La proteína anómala puede ser también asumida por la dieta. Causan el síndrome de Creutzfeldt-Jakob en el ser humano y el de la «vaca loca» en el ganado bovino.

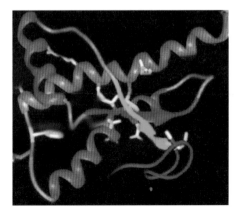

Cuando el enemigo penetra en el cuerpo

Si los organismos patógenos consiguen penetrar en el cuerpo, la batalla se complica. Sucede que estos se reproducen muy rápidamente, matan a las células o sueltan toxinas que las envenenan. Para evitar que los enemigos tomen la delantera, el cuerpo dispone de defensas muy sofisticadas: un ejército de glóbulos blancos divididos en «tropas» especializadas que atacan a los agentes infecciosos en varios frentes, luchando cuerpo a cuerpo.

Si las bacterias consiguen penetrar en un tejido, las células dañadas producen moléculas que funcionan como señales de alarma. Estas atraen en un primer momento a los neutrófilos y a los macrófagos: dos tipos de glóbulos blancos que acuden al lugar de la infección y se comen, literalmente, a las bacterias. Estos pueden incluso modificar su forma para rodear al enemigo y encerrarlo en una vejiga, en la que vierten moléculas que lo destruyen. Los macrófagos, además, patrullan continuamente por el organismo con la función de «barrenderos»: de hecho, aparte de las bacterias, eliminan también los restos de células muertas y partículas de polvo que han entrado en el sistema respiratorio. Tras la acción de los neutrófilos y los macrófagos, en el lugar de la infección se libera una molécula llamada istamina. Esta provoca una inflamación, es decir dilata los vasos sanguíneos, permitiendo el acceso a la zona atacada de mayor cantidad sangre y por lo tanto de otros glóbulos blancos de «refuerzo». Sin embargo, a pesar de que la defensa llevada a cabo por los neutrófilos y los macrófagos sea rápida,

CUANDO HAY UNA INFECCIÓN

En este caso la prioridad del cuerpo es defenderse de ella. Por lo tanto, pasa a un segundo plano el bienestar general y las señales de la guerra en curso a menudo aparecen como síntomas fastidiosos.

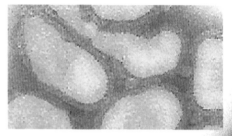

Los virus

Causan muchas enfermedades entre las que se encuentra la gripe. No son seres vivientes sino simples «cajitas» proteicas que encierran un patrimonio genético. Este penetra en las células infectadas, y las inducen a construir numerosas parejas de virus.

La fiebre

Está directamente relacionada con la enfermedad y aparece porque los mecanismos de regulación térmica se detienen en una temperatura más alta de la normal. Aún no está clara su utilidad.

Los nódulos linfáticos inflamados

Cuando hay una infección en proceso se agrandan; se puede sentir una especie de hinchazón dolorosa en el cuello.

El estornudo

Tiene lugar cuando hay una irritación de la mucosa nasal y su finalidad es expulsar lo que produce la molestia. Pero no tiene efectos positivos cuando, como en el resfriado, la irritación se debe a que el virus se ha adherido a las células de las mucosas.

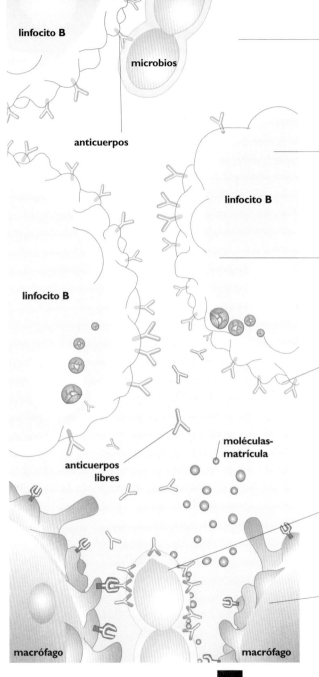

linfocito B

microbios

anticuerpos

linfocito B

linfocito B

anticuerpos libres

moléculas-matrícula

macrófago

macrófago

Después de la invasión
El antígeno de dos
microbios que
han penetrado en el cuerpo
es atrapado por
el correspondiente linfocito
B, que, en respuesta,
se activa y se multiplica.

Los nuevos linfocitos
Producen cerca de 10
millones de anticuerpos
por hora. Algunos
permanecen enganchados
al linfocito, otros
se liberan en los tejidos.

Las «células de la memoria»
Son los linfocitos B
que quedarán patrullando
por el organismo incluso
después de que acabe
la infección.

Reconocer al enemigo
Es posible porque algunos
anticuerpos activan
un sistema especial
de moléculas que atrapan
y «fichan» a los antígenos
de los invasores o
de las células que
presentan antígenos.

La reacción
Los invasores y las células
«fichados» se ven atacados
por los macrófagos o por
otro tipo de linfocitos.

Devorar al enemigo
Los macrófagos pueden
alargarse y envolver
a su presa para después
destruirla.

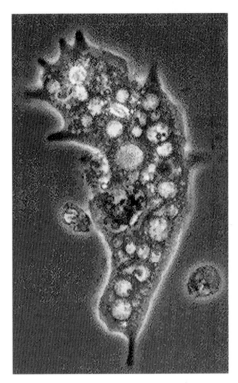

El cuerpo en el contraataque
El mecanismo con el cual los macrófagos y otros glóbulos blancos (abajo) engloban a las bacterias, después de haber advertido su presencia con sus sutiles prolongaciones, es análogo al que utilizan para nutrirse algunos organismos unicelulares, como la ameba (arriba).

a menudo no es suficiente. A veces, por ejemplo, el enemigo es un parásito con dimensiones demasiado grandes para ellos, como puede ser una lombriz. En ese caso entran en acción otros glóbulos blancos que realizan una defensa química segregando sustancias que desconponen los tejidos del invasor y lo matan.

En caso de infecciones virales o de infecciones bacterianas más problemáticas, el cuerpo humano debe poner en el campo de batalla defensas mucho más especializadas. De hecho, los virus atacan de diferentes formas, multiplicándose en el interior de las propias células, donde neutrófilos y macrófagos no pueden descubrirlos. En estos casos, la clave para resolver el problema deriva del hecho de que cada organismo o virus se caracteriza por poseer alguna molécula que el sistema inmunitario identifica como extraña: tales sustancias toman el nombre de antígenos. El cuerpo dispone al menos de 10 millones de tipos de células, llamadas linfocitos B, cada una capaz de reconocer a un solo antígeno; el número es tan alto que existe prácticamente un tipo de linfocito B para cada antígeno posible. Si se ha desarrollado una infección bacteriana, los antígenos circulan por el cuerpo libres o unidos a la membrana de los

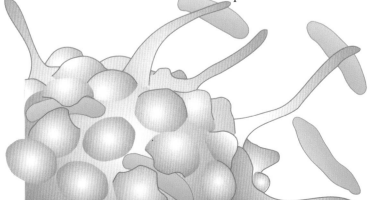

LAS ALERGIAS

El sistema inmunitario puede activarse a causa de sustancias comunes y no dañinas que algunos linfocitos B reconocen erróneamente como el propio antígeno. Consecuentemente estos se multiplican como si tuvieran que enfrentarse a un agente infeccioso.

El polen

Las alergias más comunes están causadas por proteínas presentes en algunos tipos de polen que son reconocidas como si fuesen antígenos.

Los ácaros

Muchos de ellos viven en los colchones y en los cojines. Sus heces pueden producir alergia.

macrófagos que han destruido el organismo al que pertenecían. Sin embargo si la infección es viral la célula que ha sido atacada presenta el antígeno sobre su membrana, de modo que avisa al sistema inmunitario de que está infectada. En todos los casos, el antígeno llega antes o después a las proximidades de un linfocito B capaz de reconocerlo. Cuando esto tiene lugar, el linfocito B se multiplica generando miles de parejas a partir de sí mismo. Estas últimas producen moléculas especiales llamadas anticuerpos, capaces de unirse al antígeno correspondiente, tanto si este está presente en la membrana de una bacteria como si lo está en una célula infectada por un virus. Posteriormente, los macrófagos y otras células, llamadas linfocitos T, reconocen y destruyen la bacte-

Efectos de la alergia
Los ojos y la nariz s
e ponen en contacto
fácilmente con
el «antígeno». En sus
tejidos los linfocitos B
estimulan la liberación
de istamina provocando
que se hinchen, se
pongan rojos y «goteen».

**El pelo
de los perros y
de los gatos**
Puede causar
alergia, como
también la saliva
que lo empapa.

ria o la célula caracterizada por el complejo antígeno-anticuerpo.

Una vez que la infección ha sido vencida, los linfocitos T y la mayoría de los B que habían participado en la defensa mueren. Pero algunos linfocitos B permanecen patrullando por el organismo durante meses, años, o para toda la vida, y si otros organismos iguales a aquellos que han vencido intentan atacar, desencadenan una respuesta inmunitaria en mucho menos tiempo que la primera vez. En este principio se basan las vacunas, las cuales proporcionan al cuerpo algunos antígenos, pero no unidos al microorganismo para que no desencadenen una enfermedad. Cuando estos se ponen en contacto con el linfocito B correspondiente alertan al sistema inmunitario sin que la persona vacunada enferme.

TRAER UN NIÑO AL MUNDO

El cuerpo humano es una «máquina» extraordinaria, capaz de crecer, mantenerse en actividad y protegerse de posibles peligros. Pero la empresa más sorprendente que consigue realizar es, seguramente, la de traer al mundo a otro ser humano.

De hecho, el ser humano tiene un fortísimo instinto de procrear y su cuerpo ha evolucionado de modo que pueda generar y criar un niño de la mejor manera. Por otra parte, todas las especies vivientes que hay sobre la Tierra invierten bue-na parte de sus energías en la reproducción, puesto que si alguna no lo hiciese, o no fuese capaz de hacerlo, estaría destinada a extinguirse en poco tiempo. Procrear quiere decir pasar una parte de nuestros genes a otra persona,

La producción de los espermatozoides
Tiene lugar en los túbulos seminales y maduran en 72 días. Se calcula que durante su vida, un ser humano produce unos 12 000 billones. Los testículos también funcionan como glándulas y producen la principal hormona masculina: la testosterona.

Los espermatozoides
Cuando han madurado, confluyen desde los túbulos seminales en el epidídimo, que recorren hasta llegar a las vesículas seminales.

Los testículos
Cuelgan fuera del cuerpo porque la maduración de los espermatozoides debe tener lugar a una temperatura inferior a la corporal.

El pene
Está formado por un tejido esponjoso recubierto de piel. En el momento de la excitación sexual, la sangre bombea en el tejido aumentando sus dimensiones y poniéndolo erecto.

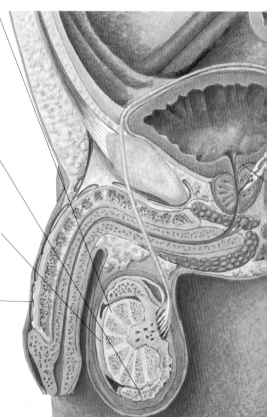

quien, a su vez, los pasará a sus descendientes. Esto equivale a garantizar a una parte de nosotros la posibilidad de vivir después de nuestra muerte. Pero el desarrollado cerebro de los seres humanos les ofrece una oportunidad más, permitiéndoles pasar a las generaciones futuras, no sólo a los descendientes directos, algo más que

genes: la herencia cultural. Un pequeño *homo sapiens* nacido en la Edad de Piedra tenía la misma capacidad mental que un niño del siglo XXI: puede utilizar y construir instrumentos mucho más complicados que los que introdujo su lejano antepasado, sólo porque dispone de las informaciones tecnológicas que las generaciones de

EL APARATO REPRODUCTOR MASCULINO
Tiene la función de producir espermatozoides y de introducirlos en el cuerpo de la mujer.

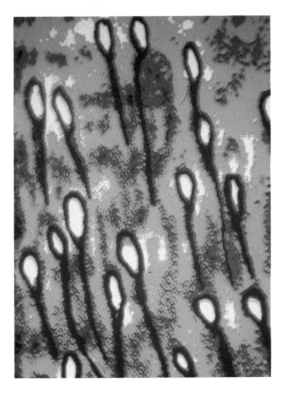

Las vesículas seminales
Almacenan cerca de 500 millones de espermatozoides y suministran la parte líquida del semen masculino. Se vacían en el momento de la eyaculación.

El movimiento de los espermatozoides
Cuando han madurado, los espermatozoides tienen una cola que les sirve para moverse y que les hace parecerse a renacuajos microscópicos. Además de los espermatozoides, el esperma se compone de una parte líquida y nutritiva denominada plasma seminal.

EL APARATO REPRODUCTOR FEMENINO

Se encarga de la producción de los óvulos y de permitir la fecundación, tras la cual debe acoger y nutrir al embrión durante los nueve meses que dura su desarrollo.

Trompas de Falopio

Los ovarios

Aquí maduran los óvulos, los cuales alcanzan el útero recorriendo las trompas de Falopio. Al igual que los testículos, funcionan también como glándulas y producen la hormona sexual femenina llamada estrógeno.

Vejiga urinaria

El clítoris

Está localizado donde confluyen los labios menores y es un órgano muy sensible. De su estimulación deriva gran parte del placer sexual femenino.

Uretra

Labios mayores y labios menores

Protegen las aberturas urinaria y reproductora.

La vagina

Se encuentra detrás de la uretra, tiene una longitud de unos 7 centímetros y es capaz de dilatarse mucho para facilitar la penetración del pene durante el coito, así como para permitir la salida del niño en el parto.

El útero

Tiene una parte muscular con un espesor de 2,7 centímetros y está comunicado directamente con la vagina.

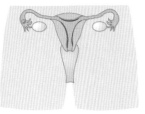

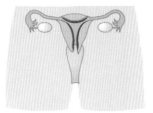

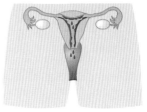

Las menstruaciones
El óvulo madura en el ovario, en el interior de un folículo, aproximadamente en 14 días, tras lo que se libera y pasa a las trompas de Falopio. Durante otros 14 días, el folículo produce hormonas que estimulan en el útero la secreción de mucosa que sirve para acoger al óvulo fecundado. Si no se ha producido la fecundación, la mucosa se rompe en escamas y es expulsada con el óvulo durante las menstruaciones. Estas duran una semana, mientras comienza a madurar un nuevo óvulo. Por lo tanto, el ciclo completo, desde el comienzo de la maduración de un óvulo hasta el sucesivo, dura unos 28 días.

Los óvulos
Cuando nacemos, los ovarios contienen cerca de 600 000 óvulos, aunque sólo 400 de ellos madurarán al ritmo de uno al mes a partir de la pubertad. Hasta el momento de su instalación en el útero, el óvulo está rodeado por miles de células que lo nutren y protegen.

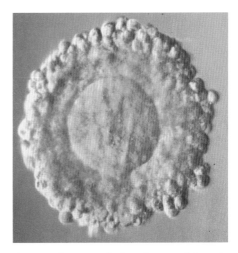

humanos se han ido pasando y han ido enriqueciendo durante milenios.

Como todos los animales superiores, el ser humano se reproduce sexualmente. Esto significa que cada persona, sea hombre o mujer, transmite a su descendencia sólo la mitad de su patrimonio genético, puesto que la segunda mitad proviene del otro progenitor. Por este motivo los hijos se parecen a ambos progenitores pero no son idénticos a ninguno de los dos, y ni tan siquiera a sus hermanos. De hecho, el patrimonio genético de una persona puede imaginarse como una baraja formada por millares de cartas; cada vez que se concibe un hijo, la baraja se divide en dos y el hijo recibe la copia de una de las mitades. Pero es prácticamente imposible que partiendo por la mitad la baraja, resulte un conjunto de cartas idéntico al obtenido en otra concepción.

Para que dos personas puedan traer un niño al mundo es necesario que su cuerpo produzca unas células muy especiales, las únicas que no poseen un patrimonio genético completo, sino sólo la mitad del ADN presente en todas las demás células del organismo. Estas células son los espermatozoides, producidos por el hombre en los testículos, y los óvulos, producidos por la mujer en los ovarios. Cuando un óvulo y un espermatozoide se unen se forma un zigoto, es decir, la primera célula de un nuevo ser humano. Si las células destinadas a la reproducción tuviesen el mismo patrimonio genético que las otras células del cuerpo, el zigoto tendría dos veces la cantidad de ADN de

EL ACTO SEXUAL
Provoca el aumento de la frecuencia de los latidos cardíacos y de la respiración. Culmina con el orgasmo, una sensación agradable e intensa que afecta a todo el organismo.

La excitación masculina
Se manifiesta con un mayor riego sanguíneo en el pene que, por lo tanto, se pone erecto y puede penetrar en el cuerpo femenino e introducir los espermatozoides durante la eyaculación, que es la conclusión del acto sexual.

La excitación femenina
Es menos evidente que en el hombre. Suele comprender la secreción en la vagina de una sustancia lubricante que facilita la entrada del pene. Para la mujer, alcanzar el orgasmo puede ser más difícil y puede requerir más tiempo.

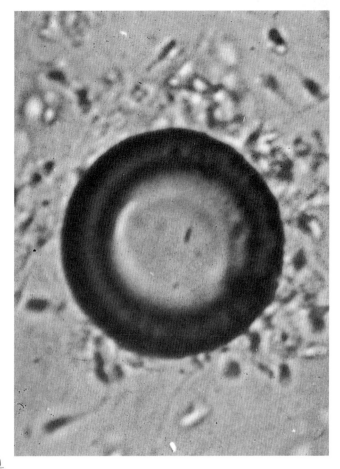

La fecundación
Muchos espermatozoides llegan simultáneamente al óvulo, pero sólo el primero de ellos puede fecundarlo. Después, casi instantáneamente, la membrana del óvulo se pone rígida e impide la entrada a todos los demás.

los padres y esta se doblaría en cada generación. Los hombres, a partir de la pubertad, producen espermatozoides durante toda su vida. Las mujeres, por el contrario, producen sus propios óvulos en la vida fetal, pero no los hacen madurar inmediatamente. Cuando nace una niña ya posee su provisión de óvulos definitiva. Estos comienzan a madurar, al ritmo de uno cada 28 días, a partir de la pubertad hasta cerca de los 50 años. A esa edad la actividad de los ovarios cesa y comienza la denominada menopausia.

Llega un nuevo ser humano
Una nueva vida tiene su comienzo con la fecundación, cuando un óvulo y un espermatozoide se funden y unen sus

El embrión
Se fija en las paredes del útero, pasados unos 6 días desde la fecundación.

La mórula
La masa de células que se produce en este estado se parece a una mora y tiene el mismo tamaño que el zigoto de partida.

Las primeras divisiones
Durante el recorrido a lo largo de la trompa de Falopio, el zigoto ya comienza a dividirse y a multiplicar sus células.

La fecundación
Tiene lugar cuando, 30-60 minutos después de la relación sexual, los espermatozoides suben por la trompa.

La ovulación
Tiene lugar cuando el folículo ovárico se rompe y libera al óvulo maduro.

El comienzo del viaje
El óvulo se mueve hacia el útero impulsado por las células de las trompas de Falopio y por su contracción.

patrimonios genéticos. Se crea de este modo la primera célula de un ser humano, de la que se originarán todas las demás: se dividirá millones de veces y sus células hijas, diferenciándose, constituirán los tejidos que forman el cuerpo del recién nacido, a continuación el del niño, después el del adulto y, finalmente, el del anciano. Para que todo esto pueda ocu-

rrir es necesario, en primer lugar, que un óvulo y un espermatozoide se encuentren: esto ocurre tras el coito de un hombre y una mujer, por medio del cual los espermatozoides son transferidos al cuerpo femenino. El acto sexual, por lo tanto, tiene una función primaria que es la de permitir la reproducción; aunque en nuestra especie se realiza a menudo solamente por las sensaciones agrada-

Los gemelos
Se desarrollan
de un mismo óvulo
fecundado;
en el momento
de las primeras
divisiones,
las células no
permanecen unidas,
sino que se separan
en dos grupos que
siguen multiplicándose
individualmente.
Generalmente,
los gemelos
comparten la misma
placenta.

Los mellizos
Se desarrollan
debido
a la fecundación
de dos óvulos
diferentes
que han madurado
a la vez.
Esta situación
es insólita porque
normalmente
madura
un solo óvulo.

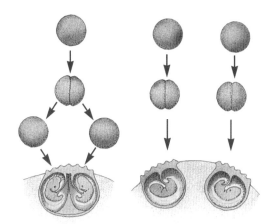

El mismo patrimonio genético
Caracteriza a los gemelos porque estos proceden del mismo óvulo fecundado por el mismo espermatozoide. Esto explica su enorme parecido físico.

Un patrimonio genético diferente
Los mellizos tienen su origen en dos óvulos diferentes fecundados por dos espermatozoides diferentes. Por este motivo se parecen sólo parcialmente, igual que los hermanos normales.

bles que provoca y para reforzar el vínculo sentimental entre dos personas. Generalmente, en el cuerpo femenino se encuentra un solo óvulo listo para ser fecundado, únicamente durante un par de días al mes, es decir, apenas ha acabado la fase de maduración y se ha liberado en las trompas de Falopio. Sin embargo, durante el acto sexual, el hombre introduce en el cuerpo de la mujer más o menos 500 millones de espermatozoides, que avanzan por las vías sexuales femeninas moviendo la «cola» como pececitos. Pero sólo uno de estos puede fundirse con un óvulo. Para hacerlo, debe competir con todos los demás para ser el más veloz en subir por la vagina, atravesar el útero y recorrer las trompas de Falopio. Una vez allí, sus esfuerzos se verán premiados sólo si el acto sexual ha tenido lugar en el período fértil de la mujer y, por lo tanto, hay un óvulo maduro que espera. Ese trayecto es tan difícil que la gran mayoría de los espermatozoides muere por el camino. Por otra parte, la dificultad de la empresa es también un excepcional medio de selección que hace casi imposible que un espermatozoide «defectuoso» consiga fecundar un óvulo antes que uno sano.

El espermatozoide que llega al óvulo le rompe el revestimiento y penetra en su interior. De este modo se forma el zigoto y ningún otro espermatozoide podrá fundirse con él. Justo después de la fecundación, la célula recién formada comienza a multiplicarse, lo que origina dos células, después cuatro y así sucesivamente. Unos tres o cuatro días después de la fecundación, el embrión, for-

La placenta
Tiene la forma de un plato y va unida al feto mediante el cordón umbilical. La sangre de la madre y la del hijo no se mezclan nunca, y las sustancias que se intercambian pasan de uno a otro atravesando los vasos sanguíneos.

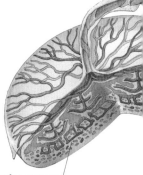

superficie materna

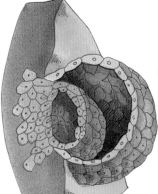

Al 7º - 8º día
Desde la fecundación, el embrión mide 0,1 centímetros y ha tomado contacto con el cuerpo materno.

A los 28 días
El embrión tiene una longitud de 0,4 centímetros y ya se puede distinguir la cabeza, plegada sobre el tronco. El embrión se parece a un pececito, pues tiene una pequeña cola.

mado ya por cerca de 16 células, termina su recorrido por las trompas de Falopio y llega al útero. Llegado a este punto, su problema principal es encontrar un lugar de anclaje en el cuerpo de la madre, de modo que pueda recibir nutrición y protección durante los meses de su desarrollo intrauterino.

Con este fin, algunas células no se dedican a formar el cuerpo del niño sino que constituyen el denominado vello corial, que penetra en la pared del útero como harían los dedos de una mano en una masa densa. Estas estructuras producen la hormona HGG, que tiene como finalidad impedir el flujo menstrual, puesto que este podría arrastrar fuera al embrión. Pero la HGG puede crear molestias a la mujer y es la responsable de los primeros malestares relacionados con la

cordón umbilical

A la 8ª semana
Tiene ya una fisionomía completamente humana. Mide 2,5 centímetros.

Al final del 3er mes
Su longitud es de 10-15 centímetros. Los dedos ya se distinguen y los ojos están cubiertos por los párpados.

gestación, como las náuseas. En los días sucesivos, en el lugar del útero donde se ha implantado el vello corial se instala la placenta. Este es el órgano del que depende la supervivencia del futuro ser humano durante la vida intrauterina pues, a través de este órgano, se realizan todos los intercambios entre el niño y la madre. De hecho, la placenta funciona como un filtro, atravesado, en un sentido, por el oxígeno y las sustancias nutritivas dirigidas desde el cuerpo materno al niño, y, en el sentido opuesto, por el anhídrido carbónico y los desechos de los que el nuevo ser humano se libera vertiéndolos en la circulación sanguínea de la mujer. Por desgracia, la placenta puede verse atacada también por agentes infecciosos y sustancias que

AL 7° MES
El niño está completamente desarrollado y ya podría vivir fuera del cuerpo de la madre. Los 2 meses sucesivos sirven para robustecerlo con el fin de aumentar sus probabilidades de supervivencia después del nacimiento.

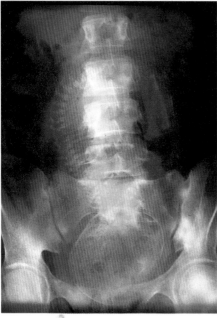

Después de 9 meses
Poco antes del nacimiento, una ecografía muestra cómo el niño ya se ha empezado a situar en el canal del parto.

El cordón umbilical
En este estado tiene una longitud de 30-60 centímetros y una anchura de 2.

El líquido amniótico
Protege al niño, que está sumergido en él, y le permite moverse. Su cantidad está bajo el control fisiológico del niño, por lo tanto, si esta es anómala es una señal de que existe algún malestar en el feto.

Las dimensiones del útero
Durante la gestación, el volumen interno del útero aumenta desde los 2 o 3 centímetros cúbicos habituales hasta los 4 000 o 5 000; y su peso pasa de 50 gramos a 200.

pueden interferir en el desarrollo del niño, como fármacos tomados por la madre. Otras células del zigoto forman una especie de saco llamado amnios que envuelve al embrión. En su interior se acumula el denominado líquido amniótico, donde el nuevo ser humano se encuentra sumergido y protegido de eventuales golpes.

Al final de la novena semana de gestación, el feto ya tiene un aspecto típicamente humano. Para satisfacer sus exigencias y transportarle suficiente alimento y oxígeno se necesita mucha sangre, por lo que la madre debe aumentar el volumen de sus

El parto

Se inicia cuando comienzan las contracciones del útero, cuyo fin es empujar al niño hacia el exterior. Al mismo tiempo, el cuello del útero se dilata hasta alcanzar 10 centímetros de diámetro. El 95 % de los niños sale de cabeza pero, para aquellos que vienen de pie o, sencillamente, «mal colocados», puede ser aconsejable intervenir quirúrgicamente, realizando un corte llamado cesárea.

El cráneo del niño

Los huesos del cráneo del niño no están totalmente soldados entre sí, por lo que, durante el paso por la vagina, la cabeza puede deformarse y adoptar una ligera forma «de pera». Pero se reconstituirá en poco tiempo.

El dolor del parto

En la especie humana es particularmente intenso a causa de las grandes dimensiones de la cabeza del bebé y la rigidez de los huesos de la pelvis. Es una consecuencia de nuestra posición erecta.

líquidos corporales. Esta es la razón por la que tiene una constante sensación de sed, que le lleva a beber muy a menudo. Este continuo aporte de líquidos hace que, en un principio, la sangre se diluya mucho, hasta que el cuerpo de la mujer consigue producir los suficientes glóbulos rojos y blancos para restablecer la concentración normal de células. Al final del tercer mes, el cuerpo materno ya está perfectamente equipado para nutrir al feto, con lo que el estado físico mejora y cesan las náuseas y los otros malestares típicos del comienzo de la gestación. Pero el corazón tiene un poco más de fatiga que de costumbre porque

La salida del niño
La facilitan
las contracciones
voluntarias
de la madre,
que suele estar
asistida por
un obstetra
que sujeta la cabeza
del bebé, sin tirar
de ella.

OLVIDAR EL TRAUMA
Tanto el cerebro de la madre
como el del niño producen
endorfinas, neurotransmisores
que alivian la sensación de dolor
y mitigan su recuerdo.

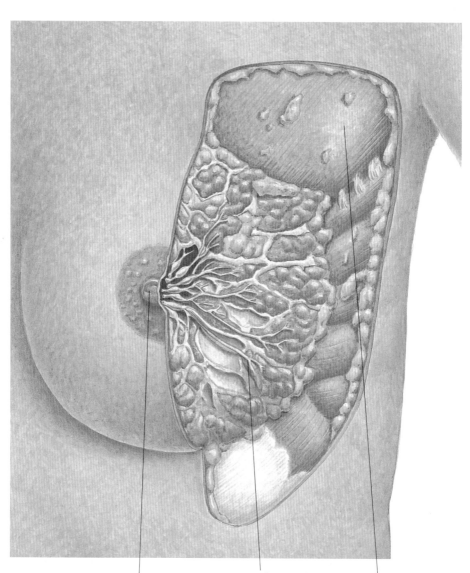

El pezón
Le llegan 10-15 conductos
galactóforos. Cuando
el recién nacido chupa,
parten señales nerviosas
que estimulan y mantienen
la producción de leche.

**Los conductos
galactóforo**
Son tubitos revestidos
por células musculares
que, en el momento
de la lactancia, empujan
la leche hacia fuera.

**El músculo
pectoral**
Sirve de apoyo
al seno.

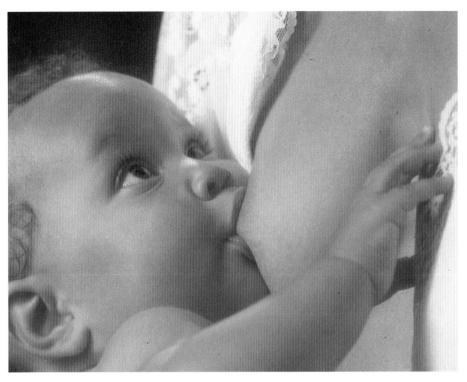

La leche materna
Se encuentra a la temperatura justa y contiene las sustancias nutritivas en las cantidades ideales para nutrir al bebé; ninguna otra leche está a su altura. Además, durante la lactancia se refuerza el vínculo entre la madre y el hijo y este recibe estímulos psicológicos de gran valor.

Componentes por litro	Leche de mujer	Leche de vaca
proteínas	11 gramos	33 gramos
lactosa	71 gramos	48 gramos
lípidos	42 gramos	37 gramos
sales minerales	2,4 gramos	7 gramos
hierro	0,5 miligramos	0,5 miligramos
valor en calorías	700 kilocalorías	670 kilocalorías

tiene que bombear un mayor volumen de sangre. En este momento el feto pesa cerca de 30 gramos y, antes del fin de la gestación, su peso deberá aumentar cerca de cien veces. Para hacerle sitio, los órganos internos de la mujer se desplazan cada vez más. En ese tiempo las glándulas del pecho aumentan de volumen y se preparan para producir leche ape-

nas haya nacido el niño. El desarrollo del niño dura normalmente 40 semanas, aunque después de 24 semanas puede sobrevivir fuera del seno materno si se le mantiene en una incubadora.

Dos o tres semanas antes del parto, el feto se coloca con la cabeza hacia abajo, dirigida hacia la abertura de la vagina, por la que debe salir. El nacimiento viene anunciado por dolores agudos, durante los

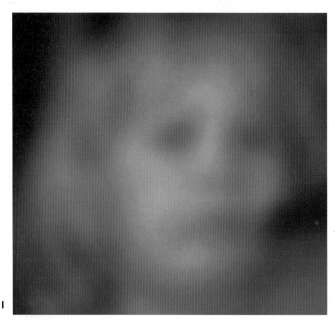

La vista de los niños

Los recién nacidos humanos ven poquísimo y, durante sus primeros días de vida, los principales estímulos vienen del tacto, el olfato y el gusto. Después de 3 meses la vista ha mejorado pero es aún muy escasa. Tras 6 meses, las imágenes son nítidas y el bebé comienza a formarse una idea mental de los objetos que le rodean. Cuando tiene 8 meses, la vista ya está perfectamente desarrollada. En este tiempo, el niño ha adquirido la capacidad de girarse y «arrastrarse» impulsándose con los pies. Entonces ya es posible empezar la exploración del mundo a lo grande.

1

2

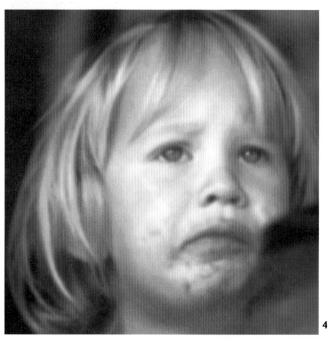

3

4

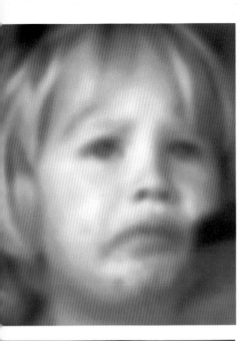

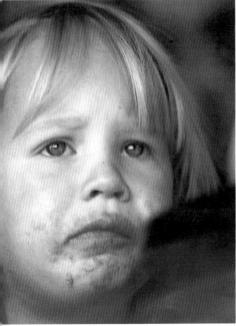

 cuales se produce la rotura del saco amniótico y la salida del líquido que contenía. Entonces comienzan a sucederse las contracciones, cada vez más frecuentes, de los músculos del útero que empujan al feto hacia el exterior. Pueden pasar incluso más de 14 horas antes de que estas alcancen una intensidad suficiente para hacer que comience el verdadero trabajo, es decir, la fase final del parto, la cual puede durar desde pocos minutos hasta varias horas. Cuando nace el niño, su peso medio suele ser de 3,5 kilos, tiene una longitud de unos 50 centímetros y es totalmente incapaz de sobrevivir por sí solo. A diferencia de lo que ocurre con los cachorros de otras especies, que pueden caminar pocos minutos después del nacimiento y adquieren su independencia muy rápidamente, los bebés dependen de sus progenitores durante muchísimo tiempo. Este hecho es probablemente uno de los factores básicos del éxito de nuestra especie. La gran duración de nuestro desarrollo y, en particular del desarrollo del cerebro, nos permite disponer de muchísimo tiempo para dedicar al aprendizaje.

El crecimiento

Apenas acaba de nacer, el niño es extremadamente débil, los músculos del cuello no son capaces ni siquiera de sostener la cabeza. Además es miope y no puede identificar el punto de donde proviene un sonido. Pero tiene comportamientos instintivos, como el de mamar para nutrirse o el de apretar un dedo o cualquier objeto que se le ponga en la mano. Este último reflejo es tan fuerte que el niño puede mantenerse suspendido agarrando algo durante unos pocos segundos.

Esto se ve incluso justo después del nacimiento pues, si se mantiene al recién nacido apoyado en el suelo sobre un solo pie, él adelanta el otro como si quisiera dar un paso. Este instinto lo pierde casi inmediatamente, al igual que el de apretar los objetos, que desaparece después de los primeros tres meses. Caminar y aferrar son dos acciones muy complicadas que, posteriormente, deben volver a aprenderse. De todos modos, en los primeros meses de vida, el niño realiza progresos muy rápidos y, en general, a los 6 meses ya es capaz de estar sentado en posición erguida con la espalda apoyada. A los 11

La dificultad de caminar
Los niños aprenden a controlar sus músculos desde la cabeza hacia abajo, es decir, que comienzan con los del cuerpo. Sólo después de que han adquirido el control de las piernas pueden empezar a caminar.

En los primeros años, el crecimiento del cuerpo no es uniforme. Así, a los 12 meses, el cerebro alcanza casi la mitad del peso que tendrá cuando sea adulto; sin embargo, el resto del cuerpo es mucho más pequeño.

Los huesos
La alimentación de los niños debe ser rica en calcio para que sus huesos crezcan muy rápido.

meses ya es capaz de gatear y, a los 2 años, el pequeño es capaz de caminar, y comienza a manifestar su personalidad haciendo entender claramente cuáles son sus deseos. A los 6 años, el cerebro ha alcanzado el 90 % de su peso definitivo, pero muchas de las conexiones de las neuronas, de las cuales depende el fun-cionamiento del sistema nervioso, todavía se deben formar. Esto se refiere no sólo a las neuronas relacionadas con lo que se define generalmente como «desa-rrollo mental», sino también a aquellas conectadas con el movimiento. De hecho, hasta los 10 años no se alcanza la plena capacidad de agarrar un objeto.

El desarrollo completo
Se alcanza entre los 20 y los 40 años, cuando el cuerpo tiene el máximo vigor. Hay poquísimas enfermedades específicas de esta edad, y la salud depende en buena parte de un estilo de vida sano.

LA SEGUNDA GRAN ETAPA
Después de la pubertad no se producen grandes cambios físicos hasta la época en que termina la edad fértil.

La pubertad
Marca el paso de la infancia a la edad adulta. Las niñas a partir de los 8 años comienzan a desarrollar los caracteres sexuales secundarios. Hacia los 12 años, el proceso se completa con la aparición del primer ciclo menstrual.

La fuerza muscular
En torno a los 30 años es máxima. Posteriormente las fibras musculares comienzan a morir y se ven sustituidas por otros tipos de tejidos.

Entre los 13 y los 15 años
En los chicos comienzan los signos de la pubertad. Los testículos y el pene se hacen más grandes, aparece la barba y la voz se hace más grave.

Sin embargo, el período de crecimiento más delicado y veloz es el de la pubertad. Este se caracteriza por el incremento de las hormonas sexuales en la sangre, las cuales provocan cambios físicos y psicológicos, acompañados por una sensación de desorientación y por la creciente exigencia de conquistar la independencia y, sobre todo, de definir la propia identidad.

El período del crecimiento continúa incluso después de la pubertad, hasta aproximadamente los 20 años. Después de esta edad comienza el envejecimiento, pero los cambios físicos son muy lentos y pueden no notarse durante decenios, sobre todo si se lleva una vida sana.

El calor metabólico
Los ancianos suelen tener frío a menudo porque, con el paso de los años, algunas células del cuerpo mueren y no se ven sustituidas. Por lo tanto, falta el calor de su metabolismo.

La menopausia
Se produce en las mujeres de entre 45 y 55 años y señala el final de la edad fértil. En los hombres el fenómeno análogo no es tan marcado y, normalmente, es más tardío.

Créditos

ILUSTRACIONES:
Alessandro Menchi 46-47; Francesco Petracchi 4, 5ad, 13ai, 15a, 20-21, 21b, 26, 27, 28, 31, 34, 39, 48-49a, 52-53, 58, 63, 66, 67a, 78, 85, 90, 98-99, 100-101, 107, 108-109, 112; Silvio Romagnoli 8, 9, 29; Studio Inklink 4-5, 5ai, 5c, 5b, 7, 10-11, 12-13, 14-15, 16, 16-17, 17, 18-19, 20, 21a, 22-23, 24-25, 33, 35, 36-37, 38-39, 40-41, 42, 43, 44, 45, 47, 48-49b, 50-51, 52-53, 54-55, 56-57, 59, 60-61, 62, 64, 65, 67b, 68, 68-69, 70-71, 71, 72-73, 74-75, 76-77, 80-81, 82-83, 84, 86-87, 88-89, 89, 92-93, 96-97, 102-103, 105, 106, 106-107ai, 110-111, 116-117, 118-119

REPRODUCCIONES Y DOCUMENTOS:
DoGi spa ha realizado todos los esfuerzos para reconocer los eventuales derechos de terceros. Por las posibles omisiones o errores se excusa anticipadamente y está dispuesta a introducir las correcciones oportunas en posteriores ediciones de esta obra. Archivo DoGi 25, 30, 31, 40, 66, 86(6), 92, 95; Archivo Isidori-Gallavotti 74, 75, 77; CNRI 91; Farabolafoto 105; Insitut Pasteur/ CNRI-Overseas 90-91; Grazia Neri, Milano 103, 108; SIE, Roma 99, 101, 113; Sebastiano Ranchetti 86 (1,2,3,4,5,6)

INFOGRAFÍA:
Luca Cascioli 6, 18; Bernardo Mannucci 4, 6-7, 15b, 30, 32, 79, 94; Bernardo Mannucci y Laura Ottina 55ai, 95, 101, 104; Francesco Milo 9; Sebastiano Ranchetti 55ad, 55cd, 55bd, 91c, 114, 115

CUBIERTA:
Ilustraciones: Francesco Petracchi

Fotografías: Archivo Isidori-Gallavotti ai; SIE, Roma bi

PORTADA: Studio Inklink

ABREVIATURAS: a, alto; b, bajo; c, centro; d, derecha; i, izquierda.